U0620548

会展产业
创新发展丛书

互联网与展览业融合创新

刘林艳◎著

Integration and Innovation of the Internet and Exhibition Industry

图书在版编目（CIP）数据

互联网与展览业融合创新/刘林艳著．—北京：经济管理出版社，2023.10
ISBN 978-7-5096-9378-0

Ⅰ.①互…　Ⅱ.①刘…　Ⅲ.①互联网络—应用—展览会—经济发展—研究—中国　Ⅳ.①G245

中国国家版本馆 CIP 数据核字(2023)第 204952 号

组稿编辑：王光艳
责任编辑：王光艳
责任印制：黄章平
责任校对：徐业霞

出版发行：经济管理出版社
（北京市海淀区北蜂窝 8 号中雅大厦 A 座 11 层　100038）
网　　址：www. E-mp. com. cn
电　　话：（010）51915602
印　　刷：北京市海淀区唐家岭福利印刷厂
经　　销：新华书店
开　　本：720mm×1000mm/16
印　　张：11. 25
字　　数：173 千字
版　　次：2024 年 1 月第 1 版　　2024 年 1 月第 1 次印刷
书　　号：ISBN 978-7-5096-9378-0
定　　价：68. 00 元

前　言

《中华人民共和国国民经济和社会发展第十四个五年规划和2035年远景目标纲要》指出，要深入推进互联网与实体经济的融合。展览业强大的经济拉动效应使其成为构建现代市场体系和开放型经济体系的重要平台，在我国经济社会发展中的作用日益凸显。近年来，国家积极扶持展览业转型，2015年国务院出台了《关于进一步促进展览业改革发展的若干意见》，要求加快展览业转型升级，推动云计算、大数据、物联网、移动互联等在展览业的应用；2020年商务部印发的《关于创新展会服务模式 培育展览业发展新动能有关工作的通知》提出，充分运用现代信息技术手段提升展示、宣传、洽谈等的效果。

政策的出台以及互联网巨头的加入（腾讯、阿里巴巴、京东等互联网巨头纷纷牵手国内领先的会展集团，布局以运用云计算、云技术为特征的数字会展业务），开创了展览业与互联网融合的新局面：展览双线融合、云展会、场馆智能化管理、展览活动平台搭建（如展会网站/小程序、数字工具帮助展商展示匹配、智能客服应用等）等共同促进了展览业的价值提升。[①] 但仍尚未形成完善、系统、成熟的"互联网+展览"新模式，二者的融合有待进一步加强。

此外，截至2016年底国内主板资本市场没有一家以展览为营业收入主

① 参见《中国展览经济发展报告2021》。

要来源的公司，相较于我国展览企业的总量，展览业规模以上企业少、行业分散、集中度低；反观境外企业，近年来强势进入中国市场且大量投资和并购国内展览企业，使国内很难出现以国内资本为主的、收入规模较大的展览业标杆企业。在经济发展新常态下，中国展览业要想抓住“一带一路”倡议机遇，促进双循环，增强其国际竞争力，摆脱传统经营模式带来的桎梏，商业模式创新应是企业探讨和发展的重点方向。在这一背景下，迫切需要对当前互联网与展览业深度融合下的商业模式创新进行系统研究，为相关政策落地、展览企业发展提供理论支撑和决策依据。

本书从六个部分对互联网与展览业融合创新中的关键问题进行了诠释。第一章主要提出研究背景与问题；第二章主要探讨互联网与展览业融合的现状，分为实践与政策两个方面；第三章主要就互联网驱动的展览业商业模式创新的影响因素进行研究，分析了驱动因素、阻碍因素以及在位企业与新创企业的差异；第四章是对互联网驱动的展览业商业模式创新进行探索研究，分为 ISPO 案例以及互联网技术相关展览专利对创新的作用；第五章针对互联网与展览业融合的效果进行了测度；第六章对互联网与展览业深度融合提出了发展建议。

本书出版得到了国家社会科学基金项目 N0. 18CGL021 立项资助以及北京第二外国语学院学科建设经费的支持。北京第二外国语学院的张茵、靳杨楠、程世林、奚淑煜以及刘聪昊参与了本书部分章节的写作，特此感谢。此外，感谢北京第二外国语学院会展相关专业前辈们的引领，没有他们的帮助，笔者不可能走入会展业，研究会展；感谢会展业界专家王亦磊先生、夏闻迪先生、张力女士等为笔者探索会展产业的发展提供支持！会展实践日新月异，本书中的很多话题未尽之处正在研究中，期待与您一起探讨。

目　录

第一章 研究背景与问题的提出

一、实践背景

近年来，我国展览业快速发展，强大的经济拉动效应使其成为构建现代市场体系和开放型经济体系的重要平台，在我国经济社会发展中的作用日益凸显。但我国展览业仍存在政策不完善、国际竞争力不强等问题。为进一步优化展览业发展环境，2015 年国务院出台的《关于进一步促进展览业改革发展的若干意见》，要求加快展览业转型升级，推动展览业创新发展，运用现代信息技术，开展模式创新，发展新型展览业态，推动云计算、大数据、物联网、移动互联网等在展览业的应用，而这与习近平总书记推动互联网同实体经济深度融合的要求，以及李克强总理在 2015 年《政府工作报告》中对“互联网+”战略的阐释是一致的。

《关于进一步促进展览业改革发展的若干意见》的出台开创了展览业发展的新局面，互联网与展览业的融合表现在利用会展信息管理软件、网络技术平台、先进的电子科技设备等手段对展会项目或者展览企业进行信息化的运营与管理，进而使网络虚拟展览会初具雏形，2017 年展览会官方网站的建设较2015年增长了42.53%，达到了2785个[①]。但也依然存在互联网技术应用零碎化、单一化、简单化、展览上下游信息不对称等问题，可见目前互联网与展览业的融合处于初级阶段，尚未形成完善、系统、成熟的“互联网+展览”新模式，二者的融合有待进一步加强。

此外，《2016年中国会展行业资本市场发展报告》指出，截至2016年底国内主板资本市场没有一家以展览为营业收入主要来源的公司，相较于我国展览企业的总量，展览行业规模以上企业少、行业分散、集中度低；近年来，境外企业强势进入中国市场且大量投资和并购国内展览企业，使国内很难出现以国内资本为主的收入规模较大的展览业标杆企业。在经济发展新常态下，中国展览业想要抓住“一带一路”倡议机遇，提高展览业国际竞争力，摆脱传统经营模式带来的桎梏，商业模式创新应是企业探讨和发展的重点方向。在这一背景下，迫切需要对互联网与展览业深度融合下的商业模式创新进行系统研究，为相关政策落地、展览企业发展提供理论支持和决策依据。

受新冠疫情的影响，2020~2022年全球展览和活动行业陷入停顿状态。为了降低对展览业的影响以及更好地应对展览业重启，我国政府、协会、企业等各层面相继出台了有关的政策建议，如上海市于2020年3月19日通过了全国首个会展业地方性法规——《上海市会展业条例》，该条例明确鼓励促进“网上会展”发展，形成线上线下会展活动的有机融合；2020年4月13日，商务部办公厅发布的《关于创新展会服务模式培育展览业发展新动能有关工作的通知》指出，创新展会服务模式是在新冠疫情防控条件下推动行业加快恢复和发展的重要举措。2021年6月商务部公布的《“十四五”商务发展规划》提出，发挥好中国国际进口博览会等重要展会平台作用，完善会展业发展协调机制，提升区域性展会平台，打造高水平、专业性、市场化品牌展，发展线上线下融合的展会模式，加强展览业行业体系标准化建设。在国家多方政策的支持下，于2020年6月首次以网络的形式

① 参见《中国展览经济发展报告2017》。

在线上举办了第 127 届中国进出口商品交易会(以下简称“广交会”)。然而，线上展会在一定程度上是新冠疫情之下的“权宜之计”，B 端大宗交易仍不如广交会等线下品牌展会的黏性，未来包括广交会在内的中国展会还要在线下继续举办；陈先进(2020)进一步提出，线上展和线下展一定是互相支持和相辅相成的。因此，实体展会的创新以及与互联网的融合刻不容缓。

二、理论背景

(一)商业模式及其创新相关研究

21 世纪初，商业模式引起了学术界的重视，进而以商业模式创新来解释竞争优势或者绩效异质性的源泉。国内外关于商业模式的研究早期关注的是商业模式概念、要素及其分类：商业模式是指跨越核心企业边界的互相依赖的运营活动体系(Zott and Amit，2001)，或是公司的价值创造、交付和获取机制之间的相互依赖关系(Christensen et al.，2018)，或是将技术价值转化为顾客价值的一系列流程(Chesbrough，2006)，或是企业向顾客传递价值并诱使其付款而获利的方式(Teece，2009)，或是企业构建价值网络及创造、传递、获取价值的基本原理(Frankenberger et al.，2014；Osterwalder and Pigneur，2009)。Foss 和 Saebi(2017)将商业模式定义为公司的价值主张和市场细分，实现价值主张所需的价值链结构，公司部署的价值获取机制，以及这些要素是如何联系起来的。

由于国内外学者对商业模式要素划分的标准不同，划分类型也不同，被广泛接受的是三要素、六要素、九要素理论(朱晓武，2019；邓莹，2019)，多数学者认为，产品、合作伙伴关系、目标客户群体及成本与收入模式是其关键构成要素(陈劲等，2022)。原磊(2007)基于对商业模式内涵中不同维度的关注不同，将学者的观点总结成四类，包括基于盈利的商业模式、基于运营的商业模式、基于战略定位的商业模式以及基于系统论的商业模式。Johnson 等(2008)提出商业模式由四要素构成。Zott 和 Amit(2001, 2010)、Itami 和 Nishino(2010)认为，商业模式主要包含两个参数；Osterwalder 等(2005)提出，商业模式建立在顾客、产品、财务和企业内部管理四大维度共十个构成要素基础上。Bocken 等(2014)、Curtis 和 Mont(2020)提出，商业模式主要包括价值主张、价值创造和交付以及价值获取三个维度。Şimşek 等(2022)在此基础上增加了市场和客户维度，将其定义为商业模式的核心组成。成文等(2014)对四种主流商业模式的概念模型进行了评价，归纳出商业模式的内涵应该是企业、价值网络以及交易规则三个要素的有机组合。王雪冬、董大海(2013)在国外现有商业模式表达模型核心要素的基础上，提出了一个多层次的商业模式整合表达模型。

商业模式不是静止的，需要不断创新(Keen and Williams, 2013)，商业模式创新涉及对企业跨越边界的活动系统的结构和架构进行整体改变，以创造、交付和获取价值，由于其是企业获取持续竞争优势的重要驱动力，因此得到了学术界的广泛关注(Bouncken and Fredrich, 2016)。国内外学者从概念、要素、分类研究逐渐转向商业模式创新研究(王鑫鑫、王宗军，2009)，包括创新要素及创新评价等。Şimşek 等(2022)指出，商业模式创新不是事前的高瞻远瞩，而是需要大量的尝试，以及事后的大量调整。Morris 等(2005)认为，商业模式创新是指企业价值创造提供基本逻辑的变化，即把新的商业模式引入社会的生产体系，并为客户和自身创造价值。Sosna 等(2010)从商业模式创新的阶段性出发进行研究，Amit 和 Zott(2012)以创新形式为出发点进行分析，也有学者基于整合的视角，构建商业模式框架，认为商业模式的创新主要是企业外部环境因素和内部环境因素共同导致的(侯赟慧、杨琛珠，2015)，如经济危机、技术变革等外部因素与管理者思维方式、认知等内部因素(Snihur et al., 2021)，大多数商业模式创新研究以公司为中心，并将内部因素确定为商业模式创新的关键前因(Mcdonald and Eisenhardt，2019)。Osterwalder(2013)认为，可以商业模式的构成要素为起点对其进行创新。

针对我国商业模式创新发展的动态，学者也开展了一系列研究(王琴，2011；王雪冬、董大海，2013；叶晓茵等，2014；罗珉、李亮宇，2015；程炜，2019；陈劲等，2022)。研究热点从最初的商业模式创新的概念内涵与机制逐渐演化为可持续性商业模式创新、商业模式创新的服务化与数字化趋势(乔晗等，2020)。Rashid 等(2013)认为，随着可持续发展的推进以及科学技术的不断进步，许多公司发现难以实现其可持续发展目标，可持续商业模式可能具有更大的风险缓解和复原力，并产生额外的多元化和价值共同创造机会，因此，需要在商业模式层面进行创新。Geissdoerfer 等(2018)将可持续商业模式定义为包含积极的多方利益相关者管理，为广泛的利益相关者创造货币价值和非货币价值，持有长期观点的商业模式，并提出可持续商业模式创新有四种类型：①可持续商业模式创业，创建具有可持续商业模式的新组织；②可持续商业模式转型，改变当前的商业模式，形成可持续的商业模式；③可持续商业模式多样化，在组织现有商业模式没有重大变化的情况下，建立额外的可持续商业模式；④可持续商业模式收购，确定、收购并整合到组织中的其他可持续商业模式。国内外对商业模式及其创新的主要研究方法有案例研究、理论推演以及统计方法等(龚丽敏等，2013；钱雨、孙新波，2021)，案例研究和理论推演多用于战略领域的商业模式研究，而统计方法多用于创新创业领域的商业模式研究。马述忠、潘钢健(2020)指出，以线上线下协同化为特征的商业模式的跨国实践使相关企业的数字化运营水平得到了提高。李维安等(2020)认为，企业要真正行动起来，让自己成为一家拥有数字化能力的公司，无论是商业模式还是组织运行模式，都朝着数字化模式转型。本书将商业模式创新定义为企业价值创造和价值获取的新方法或新手段，认为其是企业经营业务的一组新活动系统，其目标是获取相应竞争优势和市场地位。

(二)展览业的商业模式研究

国内外专门针对展览业商业模式的研究不多，贾岷江等(2017)对展览创新功能的实现机制作了解释，并提出将创新纳入企业参展的绩效考核指标中，重视参展人员关系的建立、改善和巩固，重视现场知识技术的传播和管理。周建(2017)借助互联网，提出了O2O2O[线上(Online) 精准营销—线下(Offline) 体验交流—线上(Online) 平台交易模式]服务模式推动展览产业创新发展；牛禄青(2017)提出，展览业要引入“互联网+”，把线上线下相结合，把展示和体验结合起来，不断地进行模式创新。但近两年有不少研究都提到“互联网+”是展览业转型升级的助推器，“互联网+会展”就是以信息为载体，把制度(标准)与技术相结合的过程，将会展的在线、移动、云端、大数据、智能、O2O与自服务融为一体，让商业模式、合作商圈、生态系统形成一个完整的产业链，达到集体共赢的效果(桂颖，2020)，“互联网+”的热潮推动会展营销向新媒体营销转变(张静，2020)，使传统的会展活动筹备实现更高效的信息沟通，既降低了活动的成本，又扩大了活动的影响力。王文姬、李洁(2015)指出，“互联网+”是对传统展览模式的技术突破，对展览业的影响主要体现在提高了信息传播的速度和效率，提升了会展业运营的效率和水平，网络技术与展览的不断融合为其发展打造了优势平台。曹博、邱丽娟(2021)认为，将网络技术与企业会展营销过程相结合，可以更好地促进企业的宣传效果，促进企业会展营销方式由传统模式转变为现代化营销模式，从而推动会展营销方式向纵深发展。更进一步地，张子岩(2015)提出，工作人员只要将参展商和专业观众的信息录入系统，信息系统就会根据其供给和需求的特点进行匹配，从而实现供给双方的完美对接，最大限度地实现资源整合。周路(2021)认为，延伸展销会功能，做好营销管理工作，“互联网+”模式发展必定会促使展销会建设一个线上平台，将移动互联网技术以及云计算技术、线下展览充分融合在一起，将线下参展观众导入线上。刘海莹(2016)指出，企业不应仅利用互联网工具来做营销推广打造高质量的客户参展参会体验，更应把产业链上各环节的效率提升纳入其中，如企业组织管理系统、服务流程等的信息化改造。庞华、张梦恬(2017)发现，私营企业、互联网企业对服务创新的重视程度远超过国有企业，对质量创新和市场创新的重视程度远大于产品创新、技术创新、组织创新。Demizu 等(2018)提出，未来展览业的发展依托于互联网基础上的产品、服务和流程创新。施德群(2019)指出，互联网的发展推动了会展服务的创新，智慧化的会展服务是未来的发展趋势，应从供应商技术、客户需求、服务业内部、中介服务等方面进行服务创新。

随着 5G 时代的到来，互联网技术的全面普及给予了会展业更多的发展机会，一些传统意义上的互联网公司、科技公司纷纷入局会展界。新冠疫情加快了企业数字化转型和商业模式的创新，李知矫(2020)指出，部分会展企业纷纷利用互联网技术，探索新的发展模式，打造“线上+线下”平台，化危机为机遇。李思怡、陈国庆(2020)认为，经过此次市场变化，会展业需要寻求新的发展路径，行业转型升级是可持续发展的必然要求，未来会展业将朝着数字化方向发展，进行发展模式创新，提高风险应对能力。田灿(2021)指出，新冠疫情迫使传统会展服务业加快了数字化进程，进一步推动了展览业与 O2O2O 双线闭合商业模式的融合发展。可见，未来会展企业的发展必将创新商业模式、数字化会展转型、精细化服务流程，跟随时代的变化更新升级。

(三)互联网驱动的商业模式变革

在互联网时代，传统的价值链中以供给为导向的商业模式正在逐渐走向消亡，以需求为导向的互联网商业模式和价值创造正在出现(罗珉、李亮宇，2015)。随着互联网技术的不断革新，我国企业商业模式创新发展历经四个阶段：“平台+免费”商业模式创新、“内容+社区”商业模式创新、“互联网+O2O 产业链”商业模式创新以及“互联网+跨界生态网络”商业模式创新(王芳，2018)。国内外学者对互联网驱动商业模式变革的研究主要集中于互联网商业模式类型、竞争优势、驱动因素、特征及要素构成、具体应用情境等方面。

1. 互联网商业模式类型

吴晓波等(2014)识别出6类商业模式，即长尾式商业模式、多边平台式商业模式、免费式商业模式、非绑定式商业模式、二次创新式商业模式和系统化商业模式。李明伟(2016)也提出了6类互联网商业模式，分别是“工具+社群+商业”模式、长尾型商业模式、跨界竞争商业模式、免费商业模式、O2O商业模式以及平台型商业模式。在此基础上姜启波等(2019)又提出了共享商业模式和众包众筹商业模式。李晓华(2016)曾指出，信息技术的发展及其与其他产业的渗透融合产生出一些不同以往的新商业模式，如共享经济、免费模式、线上线下融合、无人商店(丁险林，2019)等。吴琴、巫强(2020)认为，这些新的商业模式的出现在于商业模式的创新，即“互联网+”对企业价值创造和获取方式的改变。此外，针对某一具体的商业模式也有专门的研究，如对平台型商业模式的核心要素(熊国钺、袁婧祎，2016)、系统框架(王娜，2016)及如何进行价值共创(陈威如、余卓轩，2013；王旭娜、谭清美，2021)的研究。还有对O2O商业模式的构成要素(钱志嘉、张瑞雪，2021)、价值研究(江积海、王烽权，2019)、运营模式(李然、王荣，2020)等的研究。

2. 互联网商业模式竞争优势

郝身永(2015)提出，“互联网+”商业模式具有多重竞争优势：一是以数量庞大、极富黏性的潜在客户为基础，拥有渠道优势；二是利用互联网技术可以有效汇集差异化的少量需求，具有长尾优势；三是利用大数据进行产品或服务创新和精准营销，拥有产品或服务的价值优势；四是打造相对完整的产业生态链，拥有资源整合的优势。互联网改变了交易场所，拓展了交易时间，丰富了交易品类，加快了交易速度，减少了中间环节，可

以说，互联网颠覆了以往的商业模式（罗珉、李亮宇，2015）。但叶明、郭江兰（2020）指出，无论互联网商业模式创新给企业带来的竞争优势有多大，各企业仍需保持警惕状态，随时升级换代，弥补既有产品或服务在市场中暴露出的漏洞或者设计出新功能去吸引更多的消费者，转型之路并不总是线性的，而是需要多次迭代（Magistretti et al.，2020）。

3. 互联网商业模式驱动因素

国内外学者将驱动因素分为外部驱动因素（如技术、需求、竞争等）和内部驱动因素（企业家精神、组织学习能力、管理认知等）（Amit and Zott，2001；Aspara et al.，2010；Lecocq et al.，2010；曾萍、宋铁波，2014；Khanagha et al.，2014；吴晓波、赵子溢，2017）。随着研究的不断深入，商业模式创新研究已经从了解商业模式创新的驱动因素和前因，发展到了解商业模式创新如何在组织内发生。多数学者认为，参与商业模式创新既需要重新配置现有资源和能力，也需要访问、内部化和利用外部资源和能力（Chesbrough et al.，2018；Sjödin et al.，2020；Teece，2018）。

在互联网商业模式特征及要素构成方面，互联网驱动的商业模式是以大数据为核心资源的数据驱动商业模式（Bulger et al.，2014；Filippov，2014），其特征体现在：以用户为导向，以大数据为核心要素，以互联网为基础平台（李海舰、冯丽，2004）。王磊等（2020）认为，互联网商业模式的特征主要包括商业创新网络化、生产服务智能化、价值创造联盟化三个方面。Morris 等（2013）指出，“互联网+”时代商业模式的构成要素有大数据及分析技术、客户、价值主张、价值网络及创收逻辑。纪慧生等（2010）指出，互联网商业模式设计包括价值发现、价值主张、价值创造、价值配置、价值管理、价值实现六个价值要素以及核心能力、价值网络和资源整合三个机制要素。占莉萍、杨茂盛（2020）认为，价值主张、市场细分、核心业务、资源配置和财务费用等是互联网商业模式创新的关键要素。

4. 互联网驱动商业模式的具体情境

郝身永（2015）指出，近年来，互联网与诸多传统行业深度融合，创新的商业模式不断涌现，例如，互联网旅游企业商业模式分析（包富华等，2013；庞世明、王静，2016；戴克清等，2019），互联网背景下金融的创新发展（郑夕玉，2020；林莉芳，2018；程雪军、尹振涛，2020），互联网交通出行企业商业模式分析（刘建刚等，2016；高柯夫等，2020），“互联网+”文化产业发展的对策与模式创新分析（黄芙蓉，2015；郭全中，2021），互联网与农业深度融合研究（杨建利、邢娇阳，2016；张在一、毛学峰，2020），互联网与新零售商业模式研究（杨浩磊，2018；张建军、赵启兰，2018；张艳等，2020），互联网与物流业的深度融合（郑秋丽，2019；黄柯、祝建军，2019），等等。互联网已经不再仅仅是一类技术系统或应用平台，而是一类广泛融入经济社会系统的战略性资源，正在推动经济社会的重大变革（杨善林等，2016）。

三、问题的提出

通过回顾以往文献并结合我国展览企业实践，我们认为这些研究存在四个方面的不足。①以往研究显示互联网驱动下出现了多种创新模式，但与展览业的深度融合还缺乏深入探索，目前的研究仍停留在借助信息技术提升效率、加强信息化建设阶段。展览实践真的如此吗？“互联网+”究竟有没有以及如何助力展览业发展正是研究问题之一。②针对互联网商业模式创新驱动因素的研究较多，但针对“互联网+展览业”商业模式创新影响因素的系统性研究并不多见，且对其创新影响制约因素的探讨更是少见。③现有研究对在“互联网+”环境下商业模式创新路径（要素构成及其联动方式）的关注还比较少，很少有学者对案例企业进行追踪研究。④目前对互联网商业模式创新的评价研究基本是静态的和一维的，而展览业的参展商满意与否不仅取决于组展商所提供的产品与服务，还取决于展会观众的质量等，所以在价值共创的生态环境中，对客户、企业与伙伴等的价值评价需要兼顾并行。

鉴于此，本书以互联网与展览业深度融合的商业模式创新为研究对象，系统地探讨互联网与展览业融合的特征与表现，在此基础上应用展览业数据进行研究，解构互联网驱动的展览业商业模式创新，为我国展览业转型升级提供借鉴指导。具体的研究问题包括互联网与展览业融合的现状如何、互联网驱动下的展览业商业模式创新的影响因素有哪些、互联网驱动下的展览业商业模式创新案例有哪些、在位企业与新创企业有无差异、互联网相关的展览专利对模式创新的作用是什么、互联网与展览业融合的效果测度以及政策建议等。

第二章
互联网与展览业融合现状研究

一、互联网行业与展览业融合的现状

（一）危机中展览业积极寻求创新发展

《2021 年度中国展览数据统计报告》显示，2021 年中国境内线上展总计举办 714 场，比 2020 年中国境内线上展举办总数的 628 场增加了 86 场，增幅达 13.69%，其中同期境内线下展举办总数达到 623 场，比 2020 年同期线下展举办总数的 509 场增加了 114 场，增幅达 22.39%，占中国境内线上展举办总数的 87.25%。另外，91 场线上展单独举行，比 2020 年减少了 28 场，降幅达 23.53%，占 2021 年中国境内线上展总数的 18.95%。其中，广交会、中国国际进口博览会（以下简称进博会）、中国国际服务贸易交易会（以下简称服贸会）等国家级展览皆为线下与线上结合的办展模式。结合以上相关数据可得，数字线上展览自 2020 年作为应对新冠疫情的有效路径起，经过两年的发展，已整体进入快速发展通道，在此背景下，2021 年数字线上展、代参展、双线双展等创新参展模式开始趋于成熟。数据表明，中国展会的双线融合发展更趋密切，线上辅助线下的功能获得主办方的广泛认可。尽管如此，相较于商贸展的总体量（2021 年，全国举办线下经贸展览 5495 场），互联网与展览业融合的程度与方式都应该持续深入。

展览业积极探索“无接触式”线上展会，先进的计算机技术、虚拟现实（Virtual Reality，VR）技术、大数据技术、射频识别（Radio Frequency Identification，RFID）等新技术、新手段不断创新发展，已经成为展览行业转型的关键，包括：利用大数据技术，建设展览跟踪服务体系，实现客户关系管理智能化、智慧化；利用网络系统，推进展览流程程式化、智能化、规范化和管理自动化；应用最新的二维码签到、移动互联网基于位置的服务（Location Basad Services，LBS）、人脸识别技术提升现场服务；应用 3D 技术、直播互动、VR、增强现实（Augmented Reality，AR）、混合现实（Mixed Reality，MR）等再造展览现场（ZR），让用户全景感受展览氛围与认知展览品牌和企业。利用互联网技术为客户提供增值服务，提供线上线下展示、交易，线上线下金融、物流服务，节约交易成本，提高交易效率。大力推进展览业态创新，充分运用 5G、VR/AR、大数据等现代信息技术，积极探索“云展览”，开展“云展示”“云对接”“云洽谈”“云签约”，加快推进线上线下同步互动、有机融合，双轮驱动展览创新发展新模式。2020 年、2021 年中国启动了“云端”会展模式，2021 年中国境外线上展主承办企业情况如表 2-1 所示，并已形成线上线下双线融合、促进复展的局面，为全球会展业留下一抹亮色。

《中国会展主办机构数字化调研报告（2022）》显示，90%会展主办机构经过数字化转型后，2021 年总体经营情况好于 2020 年，线上线下双线融合模式成为常态。同时，危机加速了数字化转型，超过 60%的机构获得数字化收入。

此外，小程序在线上与线下融合中的应用比较广泛。例如，智海王潮传播集团（以下简称智海王潮）在面对无法延后展览档期，但当地防疫形式仍不容乐观的情况下，通过与湖北省生态环境厅进行磋商，在原有展台搭

表 2-1 2021 年中国境外线上展主承办企业情况

序号	主承办企业	城市	举办展览数量（场）	是否有直播	是否在线商洽	是否有云展厅
1	米奥兰特国际会展	杭州	363	有	有	有
2	中国制造网线上展	南京	64	有	有	有
3	中国机电产业进出口商会	北京	48	无	有	无
4	浙江远大国际会展有限公司	杭州	46	有	有	有
5	阿里巴巴（中国）网络技术有限公司	杭州	42	有	有	有
6	江苏联亚国际展览有限公司	南京	36	无	有	有
7	广东鸿威国际会展集团有限公司	广州	36	无	有	有
8	浙江鸿尔会展有限公司	杭州	32	无	无	有
9	环球资源线上展	深圳	25	有	有	有
10	中国纺织进出口商会	北京	24	无	有	有

资料来源：《2021 年度中国展览数据统计报告》。

建图纸已经完成的情况下，将其结构数据导入小程序，用小程序的形式作出线上展厅，在线上展厅先进行展览，线下展厅择期开放。其设计的展厅大结构源于原有的线下展台搭建方案，在大框架不变的情况下，在展厅的一些明显区域设置了可交互的语音与文字互动，随着后期计划的跟进，智海王潮还想在小程序内设置可切换的场景展位和展厅的沙盘模型，再部署安全、稳定的服务器以及设置更多可交互的区域。2023 年后，线上展览可以与线下展览同时开放，给全国乃至全球各地的观众展示湖北的风光。

线上展厅的有关内容只占到了原方案的 3%左右，从 3D 设计图的展馆面积、偏向线下的运营方案，到施工要求等几乎所有的设计都是为线下展览而服务的。在线上服务中提到将线下展览线上化，也就是说，原计划里线上展厅只是线下展览的部分复制品。为了应急，这次的线上展厅除了必要的线上跟进方案，几乎无一例外是将原本打算用在线下展览的材料放入线上展厅，并且线下展览仍然会根据原方案展开。这暴露了一个问题，目前线上展览依然是作为附属品的形式参与线下展览模式融合的。事实上，无论是智海王潮还是任何一家展览公司都无法独自处理一元化的展览商业模式，以线下展览为主要模式的展览模式暂时是无法撼动的。智海王潮并非不想把展览做成全线上的，但是过高的维护成本和开发难度限制了线上展厅的搭建，与此同时，线上观众的人流远远达不到主办方要求的观众规模，所以，智海王潮选择了先开放线上展厅作为线下展览的营销和暂时性替代。

此外，线上展览需要稳定的媒介来举办，智海王潮很自然地选择了小程序类线上展厅，操作难度低、技术成熟、成本低的特点是智海王潮选用其作为线上展览媒介的原因之一。根据举办医药企业展览时选择线上展览媒介的经验，很快定下线上展览的主要媒介是本土性较好的小程序类线上展厅。在制作时，智海王潮创意部门的设计师首先通过将3D文件导入小程序，构建主要框架；其次加入文案设计小程序内的交互部分；最后配合全景镜头，让观众在微信上就能接收到展览的小程序并且身临其境地与其进行互动，有利于主办方展现湖北美景、宣传自己政绩的核心诉求，并且广为流传且做工精良的线上展厅有利于吸引观众。在这种情况下，小程序线上展厅一方面有利于让观众自主选择想看的部分，提升观众对展览的关注度与兴趣，为之后的线下展览吸引更多的参展观众，成为线下展览的营销部分；另一方面在小程序线上展览中暴露出来的文案或者视频问题都可以在线下展览中进行修改，如果有观众不喜欢的展台设计，则可以随时更新，线上展览可以作为一次线下展览的预览与试错。

因为小程序类线上展厅的出现较晚，学术界对其研究也相对较少，该方面成果相对集中在商业案例上，学术和商业比较割裂化。因为缺少专业学术理念的引导，对于线上展厅的设计，较为偏经验导向。智海王潮一般是先由一位参与制作或学习过线上展厅的有经验的员工与创意部门的同事进行交流，根据客户的方案和过往的展览设计拟定设计图。再拟定线上设计方案并且对创意部门的设计提出修改意见，在达到预期效果前，这一过程往往要经历许多次的试错。在设计大致完工后，一般会将设计方案转发到微信工作群中让其他同事提出意见，包括UI设计、封面内容、错别字等细节问题，这就导致很多时候线上展厅存在制作周期长、耗费人工多、投入成本相对较大且发挥不稳定的情况。

事实上，学术与商业的割裂也是导致线上展厅专业性偏低的主要原因。一方面，与一些较小的会展公司相比，智海王潮在搭建线上展厅上有专门的创意部门，在专业性上虽然难以像一些科技型展览公司进行炫技般的线上展览展示，但是仍有一批较为熟练和专业的制作团队进行线上展厅的制作，且给出了一套完整的服务器方案。另一方面，因为执行人员缺少经验和没有专业化的技术指导，负责线上展厅的人员大多是从线下执行人员中直接选用的，大多数展厅的搭建需借鉴其他企业的成品线上展厅的经验和同事间的互相学习，进而导致小程序类线上展厅的专业性还有待提高。

对于智海王潮这种需要通过不断接收新展览委托以达到持续盈利的公司而言，在遭受了巨大的经济损失，本次展览的延期只会让损失加大，为了改变这一情况，只能通过先举办线上展厅，后举办线下展厅的方式来收回一部分投资。这种情况不能说好，因为在我国目前的展览模式下，线上展览无法达到线下展览的规模和观众人数，与主办方期待达到的宣传效果肯定有不小的差距，但是聊胜于无，线上展览通过这种方式能在一定程度上提升观众对线下展览的期望值，争取在有条件举办线下展览后吸引更多的观众。并且，进行一次成功的线上展览，有利于收回一部分款项，减少因为长期延期而导致的亏损。

智海王潮在使用小程序作为线上展厅媒介的基础上，通过展厅 VR 全景图、VR 海报、VR 视频等技术手段，为主办方打造全方位数字化线上解决方案：通过全局沙盘和全景 VR 功能，将线下展会完全复刻到线上，打造可移动的互联网数字展馆。全局沙盘可以将展会的布局规划以及各个展区的布局位置全面展示给观众，这样观众马上就能对展会的分布情况了如指掌，比线下盲逛更高效，比普通的分布图更形象。观众点击各个展区的标注点可以直接进入 VR 展厅。但从目前的技术来看，线上计划这方面有过度承诺的可能。将 VR 技术融入小程序类线上展厅，用阿里云作为主服务器等想法固然是很好的，如果能做成则会是一个极其成功的展览，对于目前的成本投入和科技水平而言，这是一个过于纸面化的承诺，虽然通过此类承诺有更大的可能拿下展览，但是对线上场馆进行过度的承诺反而不利于其与线下展览的融合发展。过度承诺会导致其由于技术原因无法实现，如果只拿线上展厅作为中标的“敲门砖”，而不是想着用其去促进线下展会，是无法让线下与线上相互促进与融合的。

对于此案例，可以确信智海王潮艰难地走了一步险棋：没有选择延期，而是选择将线下成果先转化为线上展厅获取经济利益，该做法是应急之策，同时也是智海王潮顺应时代趋势、寻求未来发展机会的一个契机。在本案例中，智海王潮在对小程序线上展览的定位上，一方面，将其作为回收成本的方式；另一方面，将其作为线下展览的营销部分，通过作为附属品的方式将线上展厅融入线下展览。

（二）“互联网+”为线上展览提供发展空间

线上展览（OAO Expo）是在大数据的统计数据、云计算的远程服务、AR/VR/3D 等技术的视觉效果、社交社群的关系纽带以及移动互联技术的集成作用下，创造出的一个数字信息集成化的展示空间，是一种全方位、立体化的新型展览和服务模式。它不是传统会展的网上信息展示，也区别于虚拟展会和网络展会，是互联网时代下的新型会展生态圈（眭海霞等，2020）。随着线上展览逐渐发展壮大，较低的参展成本、较大的影响范围和便捷性使越来越多的企业选择参加或举办线上展会。要大力推动传统展会项目数字化转型，整合现有展会资源，打造网络展会集群，鼓励政府主办的线下展会率先线上展览，支持专业展会主办机构将线下品牌展会项目开通线上展览，探索线上线下同步互动、有机融合的办展新模式（姜雪峰，2020）。

数字展会应用最新的二维码签到、移动互联网基于位置的服务、人脸识别技术给予筹办方和参展方更便捷的管理和服务，同时应用 3D 技术、直播互动、VR/AR、MR 等再造展会现场，应用 H5 技术制作强互动感的

宣传方案，在展前、展中、展后进行精准化的推广，使用户与主办方、参展商、专业采购商与专业观众在主动互动的同时加深熟悉程度，进一步提升用户对会展的黏性，以线上展会为契机塑造会展消费新场景与产业新生态。

2020 年，国务院召开常务会议决定，第 127 届广交会于 2020 年 6 月中下旬在网上举办。这是广交会第一次采用单一的线上展览模式，也是会展行业升级的一次大胆尝试。此外，2020 年服贸会举办了我国首场线上线下相结合的重大国际经贸活动，主题鲜明、内容丰富、成果丰硕。围绕“全球服务，互惠共享”的主题，举办了覆盖服务贸易 12 大领域的展览展示和 190 场论坛及洽谈活动。这里对 2021 年两大展会与互联网的融合进行比较，表 2-2 具体展示了其在展览展示、洽谈交易以及数字平台建设三个方面的差异。

表 2-2　2021 年服贸会与广交会线上线下融合的对比

细项	广交会	服贸会
展览展示方面	广交会网上平台设有展商展品、新闻与活动、全球供采对接、大会服务、跨境电商专区五大板块，展商可通过图文、视频、3D、VR 等多种形式展示商品信息 设立网上直播间，面对全球客商展示商品，很多参展企业将直播间搬到了展会现场，线下实体展出，线上场景化展示 上线了微信官方区，第三方平台同步活动信息。在官方微信公众号和自有移动客户端内嵌入带有定位功能的电子地图，以实现智能导航服务，方便会展现场参展商和客商能够便捷地找到目标展位，提高采购效率和改善观展体验	服贸会网上平台利用传统页面和 3D 虚拟展台，提供看得见的智能体验，打破空间限制 在论坛会议方面，通过 5G、视频直播、视频会议、在线翻译等技术手段，连通线上线下会议论坛，打破地域和语言限制。同时，相关、相近行业及周边企业在智能匹配、算法推荐等功能的推动下，实现了信息集聚、商机拓展，大幅提升了线上参展体验 线上服贸会将持续不断地进行全年度、全天候、不间断的展览展示，组织不同专题的线上推介活动维持话题热度，并提供相关信息服务 利用即时消息通信、视频洽谈、在线翻译、智能客服等多种工具，搭建云端虚拟洽谈间，打破线下限制，吸引了境内外 5926 家企业和机构线上线下参展

续表

细项	广交会	服贸会
洽谈交易方面	建立了线上 B2B 电子商务平台，通过图片、文字和视频等形式对参与广交会的企业和展品进行线上展示，帮助参展商和客商通过这个平台进行深度商务合作，线上供采对接 第 130 届广交会进一步升级官网平台，重点开发适合线下应用场景和为线下引流的功能，进一步优化了洽谈功能，采用图文、视频、3D、VR、直播等展示形式，供采双方突破时空限制，全天候进行联络对接	通过大数据分析和人工智能匹配等先进技术手段，在观众邀约、搜索优化、在线洽谈、数字签约、后续跟踪等方面为参展企业提供全方位服务，助力参展企业在服务贸易专业领域取得实际商业收获开发区块链合同功能，从合同发起、签署、管理到下载的全链路线上，用户用 3 分钟即可完成合同签署；对签约双方的实名注册、CA 证书、签署流程、短信意愿确认等关键签约步骤进行区块链加密多方存证，存证固化，保证电子合同及签约信息可追溯、防篡改
数字平台建设方面	广交会搭建了官方线上平台、微信公众号、微信小程序。开发了参展易捷通和采购商电子服务平台两大系统平台，实现组展方式信息化 参展商在登录广交会官网后，将进入专属的云展厅管理平台。每家参展商拥有一个专属的企业展示中心，呈现企业信息和参展信息。参展商可以选择展示模版展示企业形象 广交会的贸易平台并不是只在广交会期间使用，它将全天候网上展示、推介、供采对接、在线洽谈等功能融为一体	服贸会搭建了官方线上平台、微信公众号、微信小程序和服贸会官方 App 云展台需要参展商自己搭建展台，按要求上传图片、视频、产品、企业简介等信息即可，搭建完平面展台需要该参展商的承办机构进行审核，审核完成后由服贸会组委会审核，两次审核完成以后观众就可以在官网和 App 上找到该企业的展台了 服贸会搭建的线上平台，实际上是一个大的贸易社区。供需双方也可以在日常利用这个平台，展、论、洽、贸、服这些服务都是常态化的

(三) 互联网与展览业在融合过程中面临的困境

2020 年至今，以广交会、国际消费类电子产品展览会（CES）、台北国际电脑展（Computex）、北京国际广播电影电视展览会（BIRTV）、科隆国际游戏展（Gamescom）、东京电玩展（TGS）为代表的国内外传统线下大型展会纷纷转战线上。在保证展会招牌存续方面取得了一定的成绩，同时也暴露出了线上展会在组织、设计体系、传播能力等方面的短板（刘清扬等，2022）。

1. 现有的纯线上展会效果不佳

“互联网+”服务功能比较单一，缺乏特色功能。官网为多数的展会项目都开通了参展申请和观众预登记两项服务功能，但缺乏系统性的服务平台和特色功能。而在国内数量较多的综合性会展网站中，目前已开办的线上展览相关版块涉及的线上会展业务数量并不多。即使是德国知名的汉诺威工业博览会也谈到了这个问题，为期 5 天的 2021 年汉诺威工业博览会（数字版）超过 1800 家参展商以连线和视频的形式展示了大约 7000 种产品和近 400 个研发项目，重点是人工智能和机器学习、机器人技术、工业 4.0 和电动汽车等。在新冠疫情下，线下展会没有了往日的热闹，5 天里仅迎来了约 9 万注册参观者，直播的研讨会被观看了约 14 万次，参展商和产品搜索中约有 80 万次搜索查询。汉诺威展览公司董事会主席柯克勒博士强调，数字版的工业博览会在技术上不算失败。他说：“虽然可以将很多东西数字化，但是最终，它不能完全替代展厅中发生的事情。比如个人对话或偶遇，最关键的人际交往的核心缺失了。因此，明年的汉诺威工业博览将结合线上和线下同时进行，希望这种结合能增加展会的重要性和影响力。”

2. 线上展会流程和功能有待优化

国内专门做线上展览的专业网站近年才兴起，虽然发展速度快，但流程较复杂。有的参展商抱怨参加一个在线研讨会，短短一个小时就掉线两次。仅有个别展览项目开发了特色功能，如预约配对系统、网上展厅、网上看展和网上直播，参展商和展品查询以及专属商业配对等服务功能也较实用，受到了广大参展商的欢迎。展会在数字化时代正面临激烈的竞争，无论是数字技术还是网络基础设施建设都亟待加强。

3. 如何吸引客户参展

由于线上展会发展时间较短，展示效果较差，存在厂商在好几天的展程中一直处于大声吆喝、自娱自乐的状态，并没有完成一单交易，即转化率为零，这部分厂商将无可置疑地对线上展会产生主观的抵制。危机过后，如何吸引厂商举办的线上产品发布会，以及中小型的区域性工业农业产品展销会，继续举办线上部分，将成为线上展会生存的一大挑战。

尽管线上展览沟通方便快捷，但当交易金额较大时，观众会对产品、平台抱有怀疑态度，倾向于先实际考察，接触之后进行支付。在这种情况下，民众始终会将线下实体展览作为第一选择。展望未来，在线上与线下融合发展的道路仍将蹒跚前行。

二、促进互联网与展览业融合的政策现状

2021 年是开启“十四五”规划建设的元年，国家提出坚持创新驱动，加快推进服务业数字化。在互联网、人工智能、大数据等高科技的助推下，各类实体经济与数字经济深度融合，“云”模式应运而生。在危机中，展览业积极探索“无接触式”线上展会作为线下展览的补充，各地政府、行业协会纷纷出台利用信息技术创新会展服务模式的通知，下面从政府、行业协会层面，分别讨论其为推进展览数字化转型做出的举措。

（一）政府层面

1. 宏观展览数字创新激励政策的出台

在宏观政策方面，2015 年国务院发布了《关于进一步促进展览业改革发展的若干意见》，要求加快展览业转型升级，推动展览业创新发展（运用现代信息技术，开展模式创新，发展新兴展览业态），推动云计算、大数据、物联网、移动互联等在展览业的应用。2020 年 4 月 13 日，商务部办公厅印发的《关于创新展会服务模式培育展览业发展新动能有关工作的通

知》指出，要积极打造线上展会新平台。推进线上展会业态创新，积极引导、动员和扶持企业举办线上展会，充分运用 5G、VR/AR、大数据等现代信息技术手段，举办“云展览”。上海、福建、江苏等地方政府相继出台线上经济相关政策措施，《上海市促进在线新经济发展行动方案（2020~2022 年）》指出，将“创新发展在线展览展示”作为发展在线新经济的重点之一（叶倩倩，2020）。

在展览数字创新激励政策方面，武汉市发展改革委 2020 年制定的《武汉市促进线上经济发展实施方案若干政策的实施细则》，明确对获评企业给予资金奖励。但对于中小展览企业而言，难以达到获评条件，同时展览业对政府的依附性更强。武汉市政府结合展览行业的实际情况，加大数字化转型扶持力度，通过制定和落实多层次的配套激励政策，如顶层蓝图设计、高新技术引进、展览线上运营补贴、融资支持、人员培训、数字化专项指导等，降低展览业的数字化成本和风险，全面营造展览业数字化转型氛围，激发展览企业的创新活力。

2. 精准扶持中小企业并给予资金支持

2020 年 8 月，国务院办公厅印发的《关于进一步做好稳外贸稳外资工作的意见》，明确提出“拓展对外贸易线上渠道”，推进“线上一国一展”，支持和鼓励有能力、有意愿的地方政府、重点行业协会举办线上展会；用好外经贸发展专项资金，在规定范围内，支持中小外贸企业开拓市场，参加线上线下展会；发挥好国内商协会、驻外机构、海外中资企业协会作用，积极对接国外商协会，帮助出口企业对接更多海外买家。借鉴南京、杭州等地的政策经验（见表 2-3），在精准扶持中要侧重组展（主办）类企业，重点考虑其服务模式创新、场馆租金、宣传资源等方面。扶持惠及这些企业后，会通过展览项目高效率传导到各行各业。同时要考虑政策的多样性，从供给、需求、环境三个方面共同构建。例如，在需求型政策中，可以在部分重点行业发展专项资金中，增补设立支持参展等项目，利用展览平台加速行业资源要素流动，促进行业发展。

表 2-3 上海、南京、杭州、苏州展览相关政策(2020)

城市	相关政策措施(扶持、规范等)
上海	全国首个展览业地方性法规《上海市会展业条例》
南京	2020 年度南京市会展发展专项资金项目
杭州	上线“亲清在线”平台补贴商贸服务企业
	《杭州市商务局关于组织企业参加“海外杭州”数字贸易博览会的通知》
苏州	《关于举办各类必要的会展活动的通知》
	苏州市商务发展专项资金项目

资料来源：各城市贸易促进会、会展行业协会网站。

3. 政府联动协会培育数字展览领军企业

领军企业一般具有示范、带动、引领作用。政府培育数字化展览领军企业，探索展览数字化新模式，形成行业新标准，推动产业升级。地方政府结合展览业实际发展情况，联动行业协会，合力推动展览供给侧结构性改革，取消或合并同质化展览项目，促进会展业高质量发展。2021 年 5 月，广州市商务局发布的《广州市关于促进会展业高质量发展的若干措施（暂行）》提出，鼓励展览数字化发展。对办展单位在线下展览项目中实施的应用云计算、大数据、物联网、区块链、5G 等技术的创新项目，项目完成后，按照不超过项目投入费用的 45%给予一次性补助，补助金额最高不超过 30 万元。

依托产业特色和地域优势，整合各方资源，培育数字化展览领军企业。通过品牌数字展览的探索，形成可复制、能借鉴的展览数字化转型标准、模式、路径，不仅可以引导其他展览项目开展数字化创新，减少失败带来的损失；而且可以建设成展览业数字展示的窗口，从而进一步吸引优质的数字化服务资源。

(二)行业协会层面

1. 智慧会展标准化体系建设

智慧展览是指展易网通过物联网云技术为观众提供便利。与此同时，观众入场信息也会被上传至展会资料库，供展会主办方和参展企业查询。

由中国国际贸易促进委员会商业行业委员会牵头组织起草的《线上数字展览（会）服务规范》团体标准已于 2021 年 1 月 18 日发布，开辟了智慧会展的标准化制定进程，未来委员会将针对细分领域进行多维深度研究，推动智慧会展产业标准化。

2. 民间社团组织管理数字化

2021 年，我国成立展览业(会展业)协会、商会、学会等民间社团组织 97 个[①]。作为展览业发展的重要力量之一，社团强调重塑会员的体验、为会员增加价值，并提升协会社团的运营效率，通过数字化创建无时不在的连接。例如，引入会员管理系统，日常会员入会续费通过线上操作即可完成，精简了繁冗的流程，为会员提供更加全面的服务；将日常协会线下活动报名与公众号对接，打通线上营销与线下活动；精简日常工作业务，会员可自助完成资质申请、产品鉴定等业务的申请，提升协会运营效率。除了活动与日常会员数据管理，还定期通过微站、邀请函、海报等方式，吸收和有效维护会员，助力协会长远发展。

---

① 参见《2021 年中国展览数据统计报告》。

第三章 互联网驱动的展览业商业模式创新的影响因素研究

系统分析互联网驱动的展览业商业模式创新的影响因素是本书的研究重点之一（如图 3-1），结合文献研究、企业访谈、公开的新闻以及公众号等自媒体平台的资料，本部分主要研究两个方面的影响因素：第一，驱

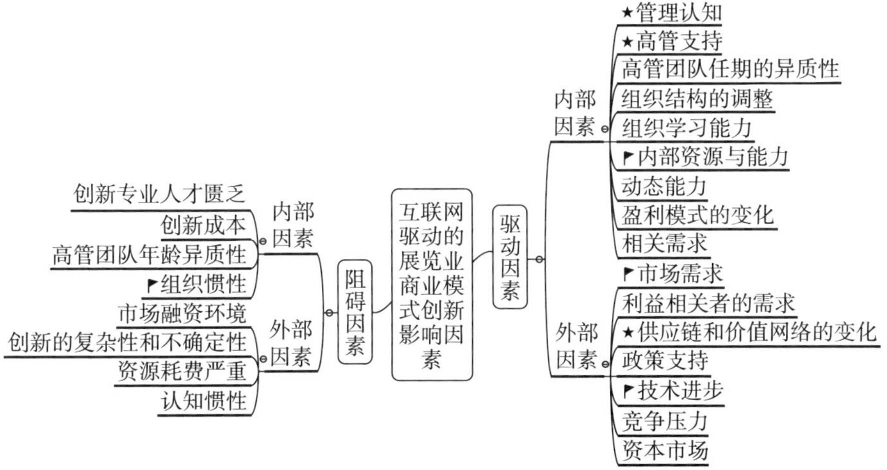

图 3-1　互联网驱动的展览业商业模式创新的影响因素

注：标的因素表示更容易影响在位展览企业的商业模式创新，★标的因素表示更容易影响新创展览企业的商业模式创新。

动因素。驱动因素分为内部驱动因素（组织学习能力、管理认知等）和外部驱动因素（技术、市场需求等）。第二，制约因素。制约因素分为内部制约因素（认知惯性、资源依赖等）和外部制约因素（环境、市场风险等）。此外，还重点分析了展览业商业模式创新在位企业与新企业在影响因素上的差异。

一、驱动因素

（一）内部因素

1. 管理认知

从企业内部来讲，企业领导者对外部环境的认知可以影响组织对外部威胁的解读以及组织针对外部威胁做出敏锐的反应（Doz and Kosonen，2010；Cavalcante et al.，2011），直接决定企业是否会针对外部环境的变化加速作出商业模式创新的决策。但是，如果外部环境并不具有动态性，组织领导者和高层管理人员的认知能够起到至关重要的作用（Mezger，2014），企业的提前预判能够在模糊中判断下一个技术范式所需要的商业模式，从而通过商业模式创新占领发展先机。

2. 高管支持

高管人员领导一个企业的商业模式创新，无论高管是否精通商业模式开发的技能和知识，高管的支持在商业模式创新中都起到非常重要的作用（Mitchell and Coles，2004）。在企业中，即使商业模式创新的想法不是源于高管，但是高管掌控着企业资源、技术、人员的调动和分配，所以商业

模式创新仍然依赖高管的支持(胡宝亮，2013)。商业模式创新意味着会打乱企业原有的一些进程，高管的支持意味着他们可以对内部资源进行适时整合，基于对资源的创造性配置来改进商业模式，以应对环境变化的需求，为商业模式创新留出一定的发展空间。

3. 高管团队任期的异质性

高管团队任期的异质性是影响商业模式创新的一个重要因素。高管团队任期的异质性形成了管理团队认知、决策、价值观的多样性，避免了组织惯性与刚性，充分考虑各创新行为对企业能力的要求，进而选择合适的商业模式(鲁迪、缪小明，2018)。在展览企业中，任期长的高管拥有丰富的知识和经验，但是随着时间的推移，他们的惯性思维和认知可能会阻碍商业模式的创新。而任期相对较短的高管，不容易受到先前经验的束缚，更容易识别互联网所带来的机遇。展览企业中这两种不同类型的高管可以彼此在价值观、认知和经验等方面取长补短，推动企业商业模式创新的进程，提高企业商业模式创新的效率。

4. 组织结构的调整

企业内部的组织结构和组织活动影响着商业模式创新的形成，从战略角度来看，商业模式创新是企业不断作出决策的过程(Casadesus-Masanell and Ricart，2010)。组织的目标驱动企业朝某个特定方向的商业模式进行创新(Sinkovics et al.，2014)。展览企业的组织结构调整能够帮助企业增强战略敏感性和战略灵活性，有利于企业及时对外部环境的改变迅速做出反应，把握住机遇创新商业模式。

5. 组织学习能力

组织学习能力可以影响企业对于外部环境的认知以及对外部资源的内部化，企业通过组织学习借鉴吸收成功商业模式的经验，规避风险，不断在实践中改进自身的治理结构、吸纳专业人才、构建无形资产，从而实现自身的商业模式创新(Itami and Nishino, 2010; Dunford et al., 2010),也正是通过这样的不断学习才能更加了解市场需求,推动创新。企业构建员工之间、员工与领导之间以及员工和组织之间的信任感是企业构建学习型组织文化和推进组织学习的重要前提之一,企业需要及时消除员工在组织学习过程中的疑虑和误解。企业的组织信任程度越高,企业员工的知识共享意愿就越高(易加斌等,2015),越有利于企业员工之间的知识共享,也就有利于提升企业的组织学习能力,最终促进企业的商业模式创新。

6. 内部资源与能力

企业内部资源与能力对于商业模式创新的影响至关重要,商业模式创新从基本上来讲是技术、市场、商业模式相关知识的系统性设计(Mezger, 2014)。新的资源、资产、能力能够帮助企业拓展交易的边界和资本,从而为企业的商业模式创新提供可能(吴晓波、赵子溢,2017)。企业资源和资产的灵活性以及整合能力,决定了企业能否在发展商业模式原型的同时进行商业模式创新,对于展览业而言,利用大数据建立的参展商、展览观众的平台是其宝贵的资源,因此,必须进行商业模式创新才能更好地掌握这些资源。

7. 动态能力

动态能力作为企业的高阶能力,是解决新旧商业模式之间冲突和悖论的关键,是促进商业模式创新的前提。动态能力帮助企业敏锐地感知风险,整合和配置资源与技术,调整组织结构与业务逻辑,使得新的业务活动与外部环境相匹配。有效的内部与外部学习可以帮助企业获取知识和部署知识流动,提高技术创新转换能力,增强商业模式创新机制(鲁迪、缪小明,2018)。在互联网时代,市场环境千变万化,各种新技术和资源层出不穷,展览企业的动态能力可以帮助企业迅速识别机会,促进企业新商业模式适应外部环境,整合与商业模式创新相匹配的资源,尽量规避实施过程中的风险。

8. 盈利模式的变化

从商业模式架构的角度来说，企业商业模式原型中盈利模式的变化驱动着企业价值创造和价值获取模式的改变（Giesen et al.，2007）。一旦原有商业模式的盈利模式边际利润下滑，乃至不足以支撑企业持续的现金流，企业会更新其利润模型，从而实现商业模式创新。这种类型的商业模式创新目的多是迎合新的市场需求以及新的客户群体等外部因素（Schneckenberg et al.，2017）。虽然企业的商业模式原型能够为企业资源和能力的积累做出贡献，但过度依赖商业模式原型则会制约商业模式创新（曹禺，2014）。对于展览业而言，在互联网时代，传统价值链中以供给为导向的商业模式正逐渐走向消亡，以需求为导向的互联网商业模式和价值创造正在出现。

9. 相关需求

信息和数据收集需求影响商业模式的创新。相关数据的统计，如展览公司官网的信息点击量等会影响组织者的决策，而且在某种程度上意味着展会是否成功；数据还包括成本、收入、参展商数量（国内、国外）、观众人数（专业公众、普通观众），以及参展商在展会上收集的同类产品的生产及销售情况、企业的客户数据库、顾客对相关产品的需求变化等。此外，流程简化的需求会促进展览企业的商业模式创新。简化流程是最好的工作效率的体现，在"互联网+"的环境下，办展的一些流程被简化（如线上展览），降低了总成本，使展览业更加商业化。

（二）外部因素

1. 市场需求

市场需求是指一定的顾客在一定的地区、一定的时间、一定的市场营销环境和一定的市场营销计划下对某种商品或服务愿意而且能够购买的数量。可见，市场需求是消费者需求的总和；同时也是需求侧的管理或者改革的理论、实践的重要课题。参展商或者观众为了参加自己感兴趣的更多展览，有时因距离等外部因素选择跨地域参展，去了解这个行业目前的市场状况以及需求。随着互联网的发展以及数字化经济的影响，展览业的市场需求将部分转移为线上展览模式或双线结合，而这将一定程度上促进展览业机构商业模式的创新，以适应市场需求的变化。

2. 利益相关者的需求

利益相关者是推动商业模式形成的重要组成部分和影响因素(刘林艳，2018)。会展利益相关者的构成及关系分析中拟定了国内外学者认同度较高的 15 类展览业中的利益相关者，对于参展商而言，选展、办展、参展是其痛点，对于专业观众而言，如何精准选择与之相匹配的展览也是需求(胡静，2013)。因此，为了满足各个利益相关者的需求，就需要在展览中借助互联网和大数据平台进行商业模式创新，而且利益相关者的需求或多或少会为商业模式的创新提供思路。

3. 供应链和价值网络的变化

企业的商业模式会受到其价值网络中其他参与者的影响(Velu，2015)。上游供应商、互补者的商业模式可以使企业从价值网络中获得经验、互补资产等不同资源(Bohnsack et al.，2014)。当互补资产的价值主张发生变化，企业自身的价值创造模式和价值主张也会随之改变。当展览企业的供应链资源和结构优化时，展览企业自身的价值网络也会随之优化，促进商业模式的创新。例如，腾讯作为提供技术支持的互联网企业开始自己进行线上展览的创新，以及一些电商平台的出现，一定程度上也促进了整个展览业的商业创新模式。

4. 政策支持

2015 年国务院发布了《关于进一步促进展览业改革发展的若干意见》，

要求加快展览业转型升级，推动展览业创新发展（运用现代信息技术，开展模式创新，发展新型展览业态），推动云计算、大数据、物联网、移动互联网等在展览业的应用，以及习近平总书记在 2016 年强调的要推动互联网与实体经济深度融合和李克强总理在 2015 年《政府工作报告》中对“互联网+”战略的阐释。这些政策的出台开创了展览业发展的新局面，推动了互联网驱动的展览业商业模式的创新。

5. 技术进步

随着数字经济、“互联网+”的概念不断出现且与各个产业融合，技术进步对企业盈利模式中的关键资源与关键流程影响较大，能够扩大价值主张的利益空间。甚至，很多商业模式创新活动都直接源于技术创新。技术创新催生了新的技术，围绕新技术的产业化、市场化和商业化，新的商业模式逐渐形成（曾萍、宋铁波，2014）。在“互联网+”时代技术进步的推动下，展览业开始高度重视商业模式创新，努力推动互联网与展览业深度融合，国内的一些展会（如广交会、华交会等）运用互联网技术，借用“互联网+”，打造优质特色线上平台，利用 3D、VR 等技术展示自己的商品，还会以线上直播的形式办展。参展商通过大数据分析，结合行业特性、地域特性、用户要求等精准匹配适合其参加的展览会。参展商、观众可以通过智能匹配来选择自己意向的展会。为客户创造价值的过程离不开互联网技术的发展，互联网既能使资源整合变得更加便利，又能提高支付的便捷性和效率，还能实现多方直接互动评价，以便其他有意向的客户了解相关情况。总而言之，大数据分析、大数据平台以及 AR/VR 等技术的不断发展都在不断驱动展览业商业模式的创新。

6. 竞争压力

现阶段的会展业新的会展活动项目越来越多，新的会展场馆不断涌现，整个行业呈现出蓬勃发展的势头，同行之间的竞争压力不言而喻。此外，来自其他行业的压力也加剧了展览企业的竞争压力。纵观当下，新生的会展活动越来越多，但其中很大一部分新增的、有趣味的、有影响力的会展活动往往并不是传统会展人运作的，而是来自互联网、设计创意、公关策划行业。内外部日益加剧的竞争压力促使展览企业直面挑战，改变商业模式思维，创新商业模式，提高自身竞争优势，突破发展瓶颈。

7. 资本市场

资本市场可以提升企业创新能力，资本市场有利于推动企业进行商业模式创新（张璐璐，2014）。优化资源配置和再配置是资本市场的主要功能，市场通过资源与社会资本配置推动着企业商业模式创新（李菲菲、田剑，2017）。资本市场的"功利性"使创新能力强的企业更易吸引稀缺的资源和社会资本，而有力的资本支持无疑可以推动展览企业加快商业模式创新。

二、阻碍因素

（一）内部因素

1. 数字人才匮乏

商业模式创新离不开员工充分发挥个人的主观能动性。特别是在互联网时代下，展览业所需的专业人才更是高素质复合型人才。而现在展览企业人才普遍缺乏创新意识，可能有"小富即安"的思想。很多企业在接受访谈时都提到了缺乏相应的数字运营人才，特别是既懂得展览又懂得互联网的专业人才，励展以及其他国内展览主办企业近几年纷纷设置了数字人才运营官这一岗位。

2. 创新预算不够

由于企业的商业模式创新涉及战略、组织结构、业务流程等与企业战

略成本管理相关的多个环节，因此商业模式创新需要很大的成本支撑，并且伴随着一些不可知的风险。而在资金、技术和人员有限的情况下，企业会更倾向于目前已有的更为稳妥的商业模式，不愿意为不可知的商业模式创新付出比较高昂的成本。在互联网的驱动下，展览企业的商业模式创新务必会引进许多新科技，而引进这些新技术所带来的创新成本会使得企业抵触创新商业模式。

3. 高管团队年龄不一

高阶理论认为，高管团队年龄异质性阻碍企业商业模式创新（鲁迪、缪小明，2018）。肖挺等（2016）认为高管团队的年龄差异更容易在沟通和交流的过程中引起分歧，产生误解，降低团队的凝聚力，不利于成员之间的密切合作，阻碍商业模式创新。同样地，在展览企业中，高管团队年龄的差异使其在价值观、企业发展战略等方面都会有所分歧，在沟通的过程中易产生误解，妨碍企业商业模式的创新。

4. 组织惯性

组织惯性是指一种组织系统运行一段时间后，除去外部力量的作用，而偏好沿着原有路径继续运作的属性。展览企业特别是比较成熟的展览企业由于此前积累了很多组织经验，往往会遵循组织惯性进行发展，这意味着可能出现故步自封的危机，过去的成功经验会使企业止步不前，阻碍企业创新其商业模式。

（二）外部因素

1. 市场融资环境

《2016年中国会展行业资本市场发展报告》指出，国内主板资本市场目前还没有一家以主办或承办展览为营业收入主要来源的公司，相较于我国展览企业的总量，展览行业规模以上企业少，行业分散，集中度低，加之境外企业近年来强势进入中国市场，大量投资和并购国内展览企业，使国内很难出现以国内资本为主的规模较大的展览业标杆企业，进而国内会展行业整体体量较小，资源较为匮乏，较难支撑互联网商业模式创新。

2. 创新的复杂性和不确定性

商业模式的变化从来都不是孤立发生的，它需要众多参与者(包括客户、供应商、竞争对手和监管机构)的互动和主动行动。此外，它们有可能颠覆组织流程和活动的每个细节。尽管任何类型的创新都会带来一定程度的不确定性和风险，但商业模式的破坏带来的风险最高。与其他类型的创新不同，企业可以相对快速地决定其意图和目标。企业在进行商业模式创新时，在有干扰的情况下，很难判断该行业将发生什么，确定对企业的影响，并决定最佳应对方式，所以面对创新的复杂性和不确定性时，企业往往会倾向于维持组织机制的稳定性，以维护现有利益分配的稳定性(Bohnsack et al.，2014)。

3. 资源耗费严重

业务模式中断会影响组织内的各种资源和资产。与业务模型中的微小改进或现有模型的扩展不同，用新模型替换现有模型是极其耗费资源的，并且意味着组织的几乎所有领域都参与其中。因此，企业进行商业模式创新所消耗的资源是巨大的。

4. 认知惯性

展览作为在一定地域空间许多人聚集在一起形成的定期或不定期、制度或非制度的传递和交流信息的群众性社会活动，参展商和观众参加线下展览活动的观念已经深入人心。但在互联网驱动发展的时代背景下，展览业进行商业模式创新不可避免地会采用线上办展的形式。习惯线下参展的参展商和观众对于这种办展形式难免会存在一些疑虑，甚至产生一些抵触。

三、在位企业与新创企业的差异

虽然上述驱动与阻碍因素对企业创新模式都有影响，但由于在位企业与新创企业的企业类型不同，上述因素对其创新模式的影响程度也会有所不同。在位企业的商业模式创新表现为由外而内的反应性创新，新创企业的商业模式创新表现为由内而外的前摄性创新。

（一）在位企业

1. 在位企业的商业模式创新

在位企业更容易受到企业内部惯性的制约，以及外部环境变化、新的市场空间与其商业模式原型之间冲突的制约，使其由外而内进行反应式创新；但同时其强大的内部资源和能力为在位企业不断调试商业模式提供足够的空间。

影响在位企业进行商业模式创新的因素在内部表现为：对商业模式原型和组织资源的依赖惯性制约商业模式创新，路径依赖和惯性的存在使其商业模式创新能力往往不如新创企业（Hock et al.，2016）；但同时，组织内部资源能力的积累则赋予了在位企业强大的资源池，使其具有更强的再整合能力（Massa and Tucci，2013）和同时管理两种商业模式的能力，也为企业从内而外地自发进行商业模式创新布局提供可能（Winterhalter et al.，2015）。从外部更多表现为技术、环境的动态性变化、国际化的新市场空间与商业模式原型之间的冲突，这种冲突制约了其商业模式原型的发展，倒逼在位企业不断调试其商业模式，由外而内地进行反应式商业模式创新。但也有少数展览企业已经进行了商业模式的创新，更准确地说，是价值共创型的商业模式创新，下面以非典型传统企业的商业模式创新为例，探究在位企业的创新举措。

2. 在位企业示例——米奥兰特

浙江米奥兰特商务会展股份有限公司(简称“米奥兰特”)已经多年研发数字展览业务，并于 2019 年 2 月 7 日推出“网展贸 Max”产品服务创新模式，其中数字展示不仅包含在多种平台展示产品的功能，同时还包含搜索关键词、社交网络等多种渠道，以促成在家与境外买家构建联系。数字撮合是通过“网展贸 Max”技术支撑中的“买家推荐”“产品询盘”“RFQ 推送”等功能促成买卖双方的精准匹配。数字商洽是指在平台多位资深顾问以及多语系小语种翻译的协助下获得 1 对 1 的精准买家商洽机会，实现优质贸易合作关系。纵观米奥兰特的发展历程，可以看出该企业早在成立初期就放眼于跨境外贸交易的撮合业务，先行打开亚洲国家展览市场，增强了国内外展览企业的客户吸引力。上述元素决定了米奥兰特拥有跨境会展整合营销，兼具一揽子海外市场解决方案的核心竞争力，短时间内很难被其他企业所模仿。笔者结合米奥兰特的发展历程提炼出如下五个要素(见图 3-2)，希望对其他中小型企业实现数字化转型提供借鉴。

网展贸模式充分发挥互联网的优势，将展览搬到互联网上，以米奥兰特全球展会资源为基础，海外买家服务团队收集和提供的商品需求信息为核心，依托米奥兰特的外贸大数据服务和精准配对功能，打造集在线数字资讯、在线数字展示、在线数字撮合、在线大数据挖掘、在线数字商洽五大服务模块于一体的纯在线数字展览全新模式，使中国参展企业可以不用走出家门、国门，实现在家做外贸、在家找客商、在家拓市场的目标。此外，该平台针对传统展览模式买卖双方信息不对称、不共享、不信任等特点，以及中国外贸企业线下无展可参、国外无处可去的问题，依托移动互联网，以在“一带一路”沿线国家主办的线下展览为载体，创新办展及参展模式，独创“网展贸”服务新模式，为企业提供“展览+互联网+供应链”三位一体的创新跨境贸易服务。

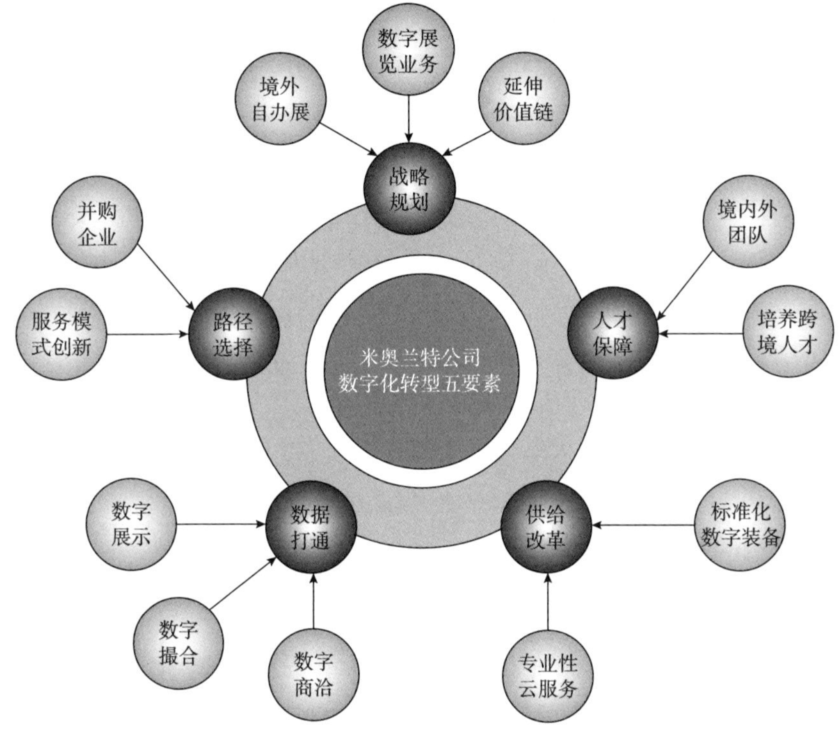

图 3-2 米奥兰特公司数字化转型五要素

(二)新创企业

1. 新创企业的前摄式创新

对于新创企业来说，其在管理认知、资源能力、组织结构与新的盈利模式方面不同于在位企业，相比在位企业，新创企业的成长空间较大，组织结构简单，具有较大的灵活性和市场适应性，由于没有组织惯性和过程依赖的束缚，更容易进行商业模式创新(Lambert and Davidsom，2013)。新创企业从外部价值网络中获取的互补性资产可以弥补企业资源和合法性上的不足，所以从内而外地进行前摄性商业模式谋划成为其实现商业模式创新的关键。

从内部来看，新创企业创业者和高管团队的能力和感知对商业模式创新尤为重要(Velu and Jacob，2016)。相对于在位企业，新创企业能够实现从系统上设计新商业模式的流程(Mezger，2014)。另外，由于其自身的资源和能力与在位企业无法匹敌，新创企业的商业模式创新更多地依赖于价值网络，价值网络中的其他企业能够为其提供相应的互补性资产，新创企业也可以选择为已有商业模式提供互补性资产的商业模式，从而抓住市场机会。尽管新创企业在实施变革方面有明显优势，但仍面临着严峻挑战。与在位企业长期积累的资源能力和经验优势相比，新创企业大多具有小和新的属性特征，市场份额小，能力弱，运营经验缺乏，资源不足，面临着资源限制和新进入缺陷的双重约束(罗作汉、唐英瑜，2019)。由此可见，新创企业需要更多地通过由内而外的前摄性商业模式谋划，从而实现商业模式创新。

2. 新创企业示例——索奇智能

2015 年 12 月，索奇智能科技(北京)有限公司(以下简称索奇智能)注册成立，致力于打造会展行业新一代技术服务系统。2017 年 3 月，索奇智能在经历了近一年的组建、调研、调整及研发过程后，终于发布了展览行业的首个数据型电子会刊，是规模高达 23 万平方米的纺织行业顶级展会——中国国际纺织面料及辅料博览会，在当届展会中，电子会刊共获得了数千个在线观众的十余万条行为数据，通过计算得到的品类热度比例与主办的经验高度一致，为了获得更精准的数据，索奇智能坚持为每个展会主办客户设定不同视觉风格、不同功能体验以及不同维度的数据收集场景，并从数据来源的各个渠道进行优化与周边开发，甚至包括展会官网预登记、志愿者推广绩效、展会效果评估等多个环节。

2020 年，新冠疫情为会展业带来了重创，在这一年里，索奇智能凭借自身多年的经验沉淀与技术积累，为行业客户提供了线上展会 2.0 版本，是集商贸查询、资讯、商机发布等功能版块于一体的全方位数字变革；并获得《网络文化经营许可证》的直播牌照及《增值电信业务经营许可证》在线收费经营许可，为主办客户布局下个会展时代提供了有效帮助，并致力于打造会展行业新一代的技术服务系统。

第四章

互联网驱动的展览业商业模式创新探索研究

一、互联网与展览业融合典型 ISPO 案例研究

（一）问题的提出

互联网技术的发展、线上平台的冲击以及组展方式的变化使组展企业与其用户间的关系面临前所未有的挑战。在文献回顾的基础上，本书从价值定位、收入模式、成本基础三个模块分析组展商商业模式创新及如何通过创新重塑其与用户的互动关系。研究采用单案例研究法对国际体育用品博览会变革前后的商业模式进行了系统性分析，研究主要结论为互联网时代组展商重塑与用户关系的起点在于对客户需求的再理解，关键点在于对产业价值的深耕，关系的可持续性在于对客户生命周期的管理。研究丰富和拓展了平台类商业模式价值共创机制理论与应用场景，填补了从组展商的角度进行展览案例研究的空白，以期为组展商应对互联网等新兴力量的

冲击及转型与升级提供借鉴和思路。

面对互联网技术的发展、线上平台的冲击以及组展方式的变化(如淘宝造物节的出现)，组展企业如何给参展商多一个参展的理由？如何应对上述互联网等新兴力量的冲击？组展企业与其用户间的关系面临前所未有的挑战。

目前，已有的关于展览企业与其用户关系的研究大致的关键词有展览会选择(Shoham，1992；Tanner et al.，2001；Berne and García - Uceda，2008)、参与动机(Hansen，2004；Nayak and Bhalla，2016)、参展绩效(Ling-Yee，2007；罗秋菊、保继刚，2007；何会文等，2014)、参展效率(Dekimpe et al.，1997；Tanner，2002)、参展商与观众的参与行为(Rosson and Seringhaus，1995；何会文、赵翊，2015)、服务质量与满意度(Bauer et al.，2008；Chen and Mo，2012)等。可见，多数研究聚焦于参展商与观众的参与，且绝大部分是站在参展商与专业观众的角度展开的，从组展商视角进行的研究很少(Luo，2007)，而同时关注组展商、参展商与观众互动关系的研究则相对更少。事实上，展览的成功举办需要组展商、参展商与观众的密切沟通。组展商在产业中的角色随着展览功能的变迁而发生变化，近年来展览不再只是下订单、展示样品的地方，更多体现的是其信息与沟通的功能。而很少有研究关注组展商与用户关系的互动，当然大样本实证研究很难捕捉到这一变化(董洁林、陈娟，2015)，案例研究较为合适。

ISPO 诞生于 1970 年，是全球最具影响力、规模最大的运动用品与时尚博览会，ISPO 的业务涵盖展览、论坛、培训、设计评选、创新大赛、互联网众筹、专业媒体等，形成了以运动产业提供全方位 O2O 服务的生态闭环。但在此之前，2008 年慕尼黑博览集团宣布将不再举办 ISPO 夏季展，与此形成鲜明对比的是，欧洲户外展(Outdoor)的快速发展，形成了欧洲新兴夏季运动最重要的汇聚地。面对如此竞争与挑战，ISPO 通过商业模式创新重塑与其用户的关系，目前每年 ISPO 在全球服务的直接客户超过 3500 家，另有超过 20 万行业人士会使用到 ISPO 的各类服务，并于 2018 年成功

“拿回”了慕尼黑夏季展的举办权。本书以 ISPO 为典型案例，对组展商如何通过商业模式创新重塑与用户的关系进行研究，以期回答在互联网环境下，企业如何通过商业模式创新助力展览业升级与发展。

(二)文献综述与理论模型

1. 组展商与用户互动关系的研究

展览是有组织的展示活动，其组织过程动态且复杂，包括发起、推广、组织、赞助和来自相关部门的支持等(Jin and Weber，2013)，因此，涉及多主体的参与互动。参展商不仅参与展览，而且还与组展商合作服务展览观众。已有关于组展商与参展商互动关系的研究聚焦于关系质量、参展满意度等，如 Jin 和 Weber(2012)等通过对中国大陆四个城市 9 场展会 616 个参展商的大样本数据分析，结果显示参展商与组展商的关系质量由四个因素构成，即服务质量和关系满意度、信任和情感承诺、沟通、经济承诺。Wong 和 Lai(2018)的研究则旨在评估参展商的价值共创活动对其自身参展满意度的影响，通过对澳门四家展览会的 437 家参展商进行样本分析，结果显示:“参与”带来愉悦,“信息共享”使之满意,“获取信息”和“解决冲突”会导致不满,“责任感”“情境意识”“知识转移”“承诺”是混合状态。这些发现有助于组展商更好地制定价值共创战略。

参展商和观众作为组展商“销售”的“展览产品/服务”的“买家”，本身就是“产品/服务”的主要组成部分，这一事实构成了组展商、参展商和观众之间复杂的买卖关系。组展商不仅为参展商提供展前、当期与展后服务，还通过试图吸引参展商感兴趣的专业观众参展来促进展位的销售(Smith et al.，2003)。组展商与观众的互动研究主要关注驱动因素、满意度与观众参与等，如 Nayak 和 Bhalla(2016)在大样本问卷调查的基础上，提出学习、保持意识、购买和吸引力是促进观众参与手工艺展的四个方面驱动因素；Chen 和 Mo(2012)从观众的角度，在实证分析的基础上，概括了服务质量的六个维度，即展位管理、展览内容、注册流程、访问、展位布局和功能、展览和展位吸引力，研究结果表明，组展商的服务质量对观众的总体满意度有正向影响；更进一步，Gopalakrishna 等(2019)研究了 B2B 展会中，观众参与(购买性参与、学习性参与、社交性参与)对再次参与展会的意愿及从参展商购买产品/服务的意愿的影响，受其对展会满意度的中介影响。而观众的参与度则受组展商对于展会的设计、宣传、营销、广告等展前营销活动的影响。可见，组展商及参展商均受益于观众的深度参与。

关系营销被定义为，所有旨在建立、发展和维持成功关系交流的营销活动，研究人员已经认识到关系营销在某些条件下(如基于服务、在商业市场中、可通过多渠道进行的交易)更有利于产生积极的结果(Morgan and Hunt，1994)。鉴于展览业提供的是"经验和信息交流"等服务，组展商、参展商与专业观众之间的关系均是 B2B 关系，且可以通过多种渠道(如代理商、行业协会等)进行分销，因此，组展商与用户建立紧密的关系，对于吸引其继续参展而言是至关重要的，组展商应该与参展商和观众进行直接沟通，建立关系。事实上，尽管我国很多展览企业意识到客户关系管理的重要性，但客户流失率仍较高。

2. 商业模式创新的理论选择

Teece 提出商业模式的定义几乎与商业模式的数量一样多(David，2018)。国内外一些研究已经列出或对比了商业模式的定义、要素构成、分类等(原磊，2007；Zott et al.，2011)。针对商业模式创新发展的动态，学者也开展了系列研究(Amit and Zott，2012；罗珉、李亮宇，2015)。商业模式描述的是公司采用的价值创造、交付与捕获机制的设计或体系结构。商业模式的本质在于定义企业向客户交付价值、诱使客户为价值付费以及将这些支付转换成利润的方式(Augier and Teece，2009)。换言之，识别未满足的客户需求，指定解决这些问题的技术和组织，从活动中获取价值是商业模式的重要功能。简而言之，商业模式概述了如何为顾客提供服

务及如何赚钱的逻辑。Schon(2012)认为，随着时间的推移，商业模式的核心特质显现为提供什么、向谁提供以及如何赚钱，基于此其提出了商业模式三个相互关联的维度(要素模块)：价值定位(产品和服务、顾客需求、具体市场)、收入模型(定价逻辑、渠道、顾客互动)、成本模型(核心资产与能力、核心活动、合作伙伴网络)。价值定位代表了企业向其客户提供的独特价值，即向基于特定的地理位置和目标的客户提供产品和服务组合；收入模型定义了公司如何赚取收入，即基于与客户关系的互动、渠道及应用的定价逻辑；成本模型定义了公司如何有力地履行其价值主张，包括核心资产与活动，引入合作伙伴网络进行价值创造。商业模式要素模块化能够更好地应对企业商业环境(市场、价值创造、供应商与消费者之间关系等)的变化，适用于帮助企业简单化、系统化地厘清价值创造的过程。

此外，以需求为导向的互联网商业模式和价值创造正在出现(罗珉，李亮宇，2015)，国内外学者就互联网商业模式类型、竞争优势、驱动因素、特征及要素构成、具体应用情境等方面分别展开了研究。互联网驱动的商业模式是以大数据为核心资源的数据驱动模式，其特征体现在：以用户为导向，以大数据为核心要素，以互联网为基础平台(Zott and Amit，2001；吴晓波、赵子溢，2017)。近年来，互联网与诸多传统行业(如旅游业、交通出行领域、文化产业、农业、展览业等)深度融合，创新的商业模式不断涌现(庞世明、王静，2016；易朝辉、张承龙，2018)。互联网已经不再仅仅是一类技术系统或应用平台，而是一类广泛融入经济社会系统的战略性资源，正在推动经济社会发生重大变革。

3. 文献评述与研究框架

回顾以往文献并结合我国展览企业实践，我们认为上述研究存在三方面的不足：

(1)以往研究显示组展商与用户的关系是必要且可行的，但很少有研究从组展商的角度出发，且同时关注组展商与参展商和观众的互动关系，而组展商、参展商和观众之间的买卖关系是一个动态、复杂、有机的系统，需要统一考虑。

(2)从与用户关系的角度展示商业模式变革的研究很少，在展览领域目前还没有，这有利于揭示商业模式变革的具体内涵和成效。

(3)展览业商业模式的相关研究较少，作为平台企业，其具有很强的代表性和典型性。本书拟借鉴的 Schon(2012)关于商业模式要素模块化的探讨还停留在理论层面，缺乏案例等数据的检验；且尽管 Schon 提出的应用场景主要基于典型的上下游关系，但我们认为其可以拓展到平台类企业商业模式的创新，原因在于其提出的价值共创的逻辑是相通的，只是互动与合作的对象不同而已。在展览的场景下，参展商满意与否不仅取决于组展商所提供的产品/服务，还取决于专业观众的质量等，商业模式的变革如何助力平衡好三者之间的关系并进一步促进展览业的转型与升级，是本书接下来的研究重点。鉴于此，在文献综述及展览实践考察的基础上，提出本书总体框架，如图 4-1 所示，本研究拟从价值定位、收入逻辑、成本基础三个方面分析组展商商业模式创新及如何通过创新重塑其与用户的互动关系。

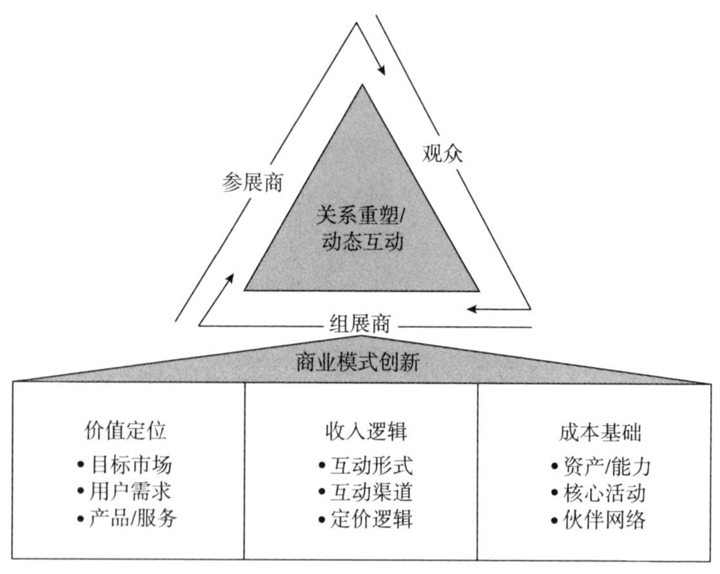

图 4-1 ISPO 案例研究框架

(三)研究设计

针对互联网时代组展商与用户互动的特殊情境，本书采用探索性案例研究展览业企业商业模式创新问题。理由如下：其一，商业模式创新本质上是企业与合作伙伴互动、创造、分享价值的动态过程，并且在这个过程中，需要考虑周围环境对这个动态过程的影响，案例研究方法是最合适的研究策略(Bucherer et al.，2012；龚丽敏等，2013)。同时，组展商如何利用商业模式创新重塑与用户的关系属于回答“做什么”(What)和“如何做”(How)的问题，探索性案例研究的方法能够帮助研究者寻求现象背后的深层逻辑、潜在规律(Yin，2013)。其二，现有研究鲜少对展览企业商业模式演化的过程进行探索。探索性案例强调从丰富的现象类、经验类数据中识别和产生关键的理论构想，适合提炼“现象驱动型”的案例(Eisenhardt and Graebner，2007)。其三，相较于多案例研究，单案例研究能深入揭示单一情境下的动态变化过程(Eisenhardt，1989)，有助于对纵向演化过程进行深度分析。因此，本书采用单案例研究，遵循规范的步骤，拟通过对研究对象展开深入探索，完善现有理论。

遵循理论抽样的原则(Eisenhardt et al.，2016)，本书选择 ISPO 作为研究对象，案例具有高度典型性与特殊性。首先，案例选取具有典型性，ISPO 是全球最具影响力、规模最大的运动用品与时尚博览会，ISPO 的业务涵盖展览、论坛、培训、设计评选、创新大赛、互联网众筹、专业媒体等，形成了为运动产业提供全方位 O2O 服务的生态闭环，是互联网与展览业深入融合的典范。其次，案例选取具有特殊性，诞生于 1970 年的 ISPO 在 2008 年曾经丢失其在欧洲夏季展的举办权，而欧洲户外展(Outdoor)成为新兴夏季运动最重要的汇聚地。面对如此激烈的竞争与挑战，ISPO 通过商业模式创新重塑其与用户的关系，于 2018 年成功“拿回”了慕尼黑夏季展的举办权。因此，选择 ISPO 作为研究对象符合案例选取的典型性与特殊性原则。

1. 案例简介

ISPO使命包括六个方面：“构建优质平台、汇集行业领袖”“挖掘、维系优质合作伙伴”“激励创新、引领最新趋势”“生产、融合、传递信息”“转化无形为有形产出”“助力客户成功，开拓新的市场”，着重为体育行业的发展和客户的利益做出贡献。第一届慕尼黑国际体育用品博览会（ISPO Munich）于1970年春季举办，从1979年开始增加秋季ISPO。此外，1998年起为配合采购季节的变化，ISPO春季展与秋季展的展期均被提前，调整为ISPO冬季展与夏季展。自2000年起，越来越多的亚洲品牌参展ISPO，并且呈现不断增长的趋势。2005年，ISPO首次进入中国，在上海举办了第一届ISPO China。2007年，为了迎合2008年北京举办奥运会的需要，以及借助北京“奥运城市”的名气，将举办地点更改至北京。之后，借鉴德国慕尼黑ISPO的做法，ISPO China也分为夏季和冬季，分别在上海和北京举办。

2. 数据来源与编码

研究通过非正式访谈、半结构访谈、展会现场观察、展会现场问卷发放和二手资料整理5种数据搜集方法获取了ISPO的关键数据。笔者通过对ISPO进行长期调研，积累了大量的资料和数据，保证了纵向数据的可获得性（Panosd，2013）。研究团队分别于2017年8月11~12日，2018年8月2~3日、23日，2018年12月29日对项目团队进行4次访谈，并在2019年初对ISPO北京展进行了现场的问卷调研。调研遵循初步预设—调研—完善理论框架—调研步骤，直到达到理论饱和点终止调研。通过整理，最终获得录音材料约800分钟、录音文字约4.5万字、二手文字材料3.3万字，现场发放问卷200份（回收128份）。

本书采用多级编码的方式对收集到的数据进行详细分析。首先，由2位会展经济与管理专业的研究生分别对资料进行编码处理，随后对产生的编码结果采取集中讨论商议的方式为各自观点进行补充与完善，通过不断质疑与补充，一方面，加强了调研人员对于信息的认知；另一方面，减少了由个人见解或主观性引发的结论片面性。在分析过程中，如果发现不充分或自相矛盾之处，则以再次调研或者电话/微信回访的形式对信息进行检验和补充。在编码过程中，首先，根据资料的整理识别企业商业模式发展的进程与关键性历史事件；其次，结合商业模式及其创新、用户互动、价值共创等文献中的理论观点，进行现象概念化；最后，根据商业模式模块化三维要素理论（价值定位、收入逻辑、成本基础），分别探讨价值定位（目标市场、用户需求与产品/服务）与用户关系、收入逻辑（互动形式、互动渠道和定价逻辑）与链接全年（365 天“永不落幕”）、成本基础（资产能力、核心活动、伙伴网络）与价值共创，对 ISPO 进行深入的案例研究，而后归纳提炼出互联网时代组展商重塑与用户关系的创新路径：创新的起点在于对客户需求的再理解，关键点在于对产业价值的深耕，可持续性在于对客户生命周期的管理。

3. 信度与效度

本研究在前人研究的基础上，在研究设计、数据收集与分析的各环节提升研究的信度与效度（Eisenhardt，1989）。首先，本研究选择 ISPO 作为案例研究对象，通过三个信息来源收集二手数据，使之相互印证（Samij，2014）：①通过 CNKI 数据库、重要报纸等检索到的与 ISPO 相关的学术文献；②ISPO 内部刊物，主要来自 ISPO 公司高管在大会上的发言、年度总结以及销售经理的相关培训资料等；③通过 ISPO 的官方网站、各大新闻媒介等搜索到的与 ISPO 有关的新闻报道和信息资料。多渠道的数据来源提高了案例研究的建构效度，有效避免了共同方法偏差。此外，研究成员同步收集整理能够用于现象解释的相关理论，进行研究框架的初步针对性设计，为调研提供指导，提升了案例研究的外部效度。其次，调研环节采取非正式访谈、半结构访谈、现场观察、现场问卷发放四种形式。团队成立专属调研小组，研究专长涉及服务管理、商业模式创新、展览经济与管理等主题，在二手资料与文献研究的基础上拟定访谈提纲，再根据访谈内容调整访谈方向等，循环往复后形成基于 ISPO 的案例数据库，充分保障了案例研究的信度。访谈以及现场调研对象覆盖 ISPO 项目亚洲区高层管理团队、一线工作团队、参展商以及专业观众等，以确保不同受访者对相同问题陈述的客观性与真实性。最后，2019 年 1～2 月研究团队多次邀请 IS-PO 亚洲区项目成员以线上研讨组会的形式进行研究内容的再度确认，再一次提升了研究内容的可靠性和真实性。

（四）案例分析

对于展览企业的客户该如何确定，学者通常按照群体的重要性确定会展企业的客户到底是哪类人群。业界的规则是根据展览企业实际中的客户群体定位确定核心用户群体。就 ISPO 展览会而言，主要是由展商和专业观众组成，展览会的成功与否也多数取决于展商和专业观众的满意度，二者相互联系，缺一不可。故本书将 ISPO 展览会的主要客户定义为展商和观众，观众包括专业观众和普通观众。而 ISPO 的展商包括知名运动品牌，如国内外知名单板、双板滑雪器材、服装和配件服饰、装备配件的品牌、滑雪场及滑雪服务企业，冬季运动机械设备制造厂商，以及国际展团，捷克展团、瑞士展团、奥地利展团、法国展团、加拿大魁北克展团、韩国展团等。专业观众主要是指那些零售商和品牌代理商，同时包括电商平台、百货商场、购物中心等渠道的 VIP 买家，以及属于消费者终端的一些运动爱好者。接下来，按照创业模式创新模块（价值定位、收入逻辑、成本基础）和商业模式创新绩效，剖析 ISPO 如何通过商业模式的创新重塑与用户的关系。

1. 商业模式创新模块

（1）价值定位与用户关系。价值定位代表了企业向其客户提供的独特价值，即向基于特定的地理位置和目标的客户提供产品和服务的组合。目前，ISPO 展览的市场范围主要有 3 个地区，分别是 ISPO Munich（慕尼黑国际体育用品博览会）、ISPO Beijing（亚洲运动用品与时尚展）和 ISPO Shanghai［亚洲（夏季）运动用品与时尚展］，并分别担任着不同的角色：①ISPO Munich 是全球最大的运动行业博览会，诞生于 1970 年，着重为体育品牌提供在全球领先的多品类运动用品商贸平台展示的良机，结识新客户，打开新市场。②ISPO Beijing 自 2005 年进入中国，专为亚洲市场量身打造，作为亚太地区领先的多品类运动用品展。③ISPO Shanghai 主要围绕夏季运动产品系列，为所有希望在亚太地区于冬季运动之外实现发展的品牌提供了一个平台，作为亚洲多品类夏季运动专业展览，引领多品类跨界融合。

2008 年 3 月，慕尼黑博览集团宣布将不再举办 ISPO 夏季展，而 2007 年 7 月的 ISPO Sport&Style（ISPO 慕尼黑夏季展）以 8 万平方米的规模，成为一段历史。作为 ISPO 慕尼黑夏季展的核心板块，网羽球拍类运动的消费市场从 2000 年开始在欧洲进入停滞，参与此类运动的消费者呈现萎缩趋势。与此形成鲜明对比的是，由欧洲户外联合会（Europe Outdoor Group）在德奥瑞交界的小城菲德列斯哈芬所举办的欧洲户外展（Outdoor），在户外运动消费市场快速发展的背景下，规模不断扩张，成为欧洲新兴夏季运动最重要的汇聚地。作为德国五大展览公司之一的慕尼黑博览集团在出于保护“ISPO”品牌美誉度的情况下所做出的暂停继续举办 ISPO 夏季展的决定，在整个集团内部掀起了一场很大的讨论。尤其在 ISPO 项目组内部开始了深刻的反思：“如何提高组展企业的竞争力？如何解决组展商现实的困境？除了卖展位，我们还能卖什么？每年收集来的数据，能用来干什么？一年只做 3 天生意，剩下 362 天怎么办？市场调研和用户的深度回访是我们再次开始的起点，我们发现原来我们的理解太狭隘了，或者说我们总是就展览想展览，展览之外的事情似乎与我们无关。而从服务运动行业的角度，你会发现，参展商的很多其他需求是我们原先完全没有涉及的，比如定期、不定期学习培训的需求，再如招聘的需求，还有获奖与公关宣传的需求，此外还有市场调研与产品测试等的需求。事实上，专业观众也很希望能把3天的线下展会进行拓展，创造更多接触的机会。"①

在市场调研、深入理解运动产业以及深挖用户需求的基础上，2011年，ISPO更换全新Logo和VI系统的同时，发布了建立全年运动行业服务平台的战略。在此基础上，还开发了ISPO News、ISPO Shop、ISPO Award（ISPO全球设计大奖）、ISPO Textrends（ISPO功能性面辅料趋势大奖）、ISPO Academy（ISPO学院）、ISPO Job Market（ISPO行业招聘）、ISPO Open Innovation（ISPO研发众创）等项目，与原ISPO展会和ISPO Brandnew一起服务整个运动大产业，如表4-1所示。

表4-1 ISPO价值定位模块之产品/服务项目创新与用户需求

序号	ISPO创新项目	开始时间	宗旨	实现形式（访谈实录）	对接用户需求
1	ISPO News	2011年	联结行业动态，捕捉全新时讯	2011年印刷版ISPO News2015年改为在线行业媒体网站。全原创内容，包括行业趋势、产品新闻、科技发布、人物专访等，专业媒体架构	学习+宣传
2	ISPO Shop	2011年	打造行业研究报告，深度研究行业方向，客观剖析行业发展	一个在线书店，提供产业研究、行业报告等信息	学习资讯
3	ISPO Award	2012年	表彰运动用品行业年度最杰出成就，给予产品创新设计业内最权威肯定	运动品牌选送最新产品报名参加评选，由全球近50名独立评委（专业运动员、行业媒体、协会、零售商及消费者代表）汇聚慕尼黑，对所有参选产品所提交的介绍及实物进行评选，推选出各个奖项获奖产品	获奖/公关/宣传+学习+交流+展示

① 来源于访谈实录。

续表

序号	ISPO创新项目	开始时间	宗旨	实现形式（访谈实录）	对接用户需求
4	ISPO Textrends	2012年	发布功能性纺织品流行趋势，近距离接触全球功能性创新面料和流行趋势	运动产品上游原料企业，即功能性面辅料企业选送最新产品报名参加评选，由全球10余位面料、色彩趋势及设计专家组成的独立评审团，在慕尼黑对所有参选产品所提交的介绍及实物进行评选，推选出各个奖项获奖产品	获奖/公关/宣传+学习+交流+展示
5	ISPO Academy	2012年	为运动产业链各端人才设立的专业而持续的培训	展会同期论坛、非展会期间全球多地的其他会议、论坛及培训，由ISPO当地代表独立或与合作方共同举办，抑或通过赞助、协办等形式参与到一些机构原有的活动中	学习+培训+交流
6	ISPO Job Market	2012年	跨品类及运动专业性为基础，能够在这里找到合适的人才	运动企业发布招聘需求，行业人士应聘	招聘
7	ISPO Open Innovation	2014年	用户直接参与产品研发环节，意见众筹帮助品牌创造更受市场欢迎的运动产品	利用行业优势资源，为运动品牌在产品研发阶段开展市场调研、产品测试及联合开发服务	市场调研、测试等

ISPO News在2011年刚开始的时候是印刷版，2015年改为在线行业媒体网站ispo.com，承载着全年365天与运动专业人士和业界资深用户建立联系，为其提供资讯并提升其关注度，令其更加接近运动世界以及国际市场发展的使命；ISPO Shop的使命在于通过最新、最具前瞻性的研究、报告和专业书籍，在展会之外帮助所有市场参与者实现知识突破；ISPO Award（ISPO全球设计大奖）旨在打造公认的品质印章，独立专业评审团每年根据精确定义的标准对来自极限运动、户外、滑雪、专业运动服饰以及健康与健身领域的上百款参赛作品进行评定，最好的产品才能够获得ISPO

Award；ISPO Textrends(ISPO 功能性面辅料趋势大奖)旨在帮助观众、设计师以及产品经理在此了解到面料、填充、辅料及配件环节的最新纺织技术和创新，以运用到运动和户外服饰当中；在 ISPO Academy(ISPO 学院)举办的会议、讲习班、研讨会等学习活动中，参与者能够获悉潮流引领者与创新领袖的幕后资讯；ISPO Job Market(ISPO 行业招聘)是为运动产业打造的行业招聘门户，全年 365 天不间断提供服务；ISPO Open Innovation(ISPO 研发众创)旨在为运动品牌找到匹配的业界资深用户，以有效开发并测评全新创新产品。新开发项目的实现形式及对接的用户需求，见表 4-1。此外还要提及的是，ISPO Brandnew(ISPO 全球创新大赛)是世界上最大的运动产业初创平台，由前任 ISPO Brandnew 获胜者、设计师以及销售专家组成独立专业评审团，对具有发展前景的新晋企业进行遴选和支持。

综上，我们将 2011 年以前 ISPO 以展览为核心、唯展览的商业模式定义为传统的 1.0 版本，将 2011 年之后的商业模式定义为 ISPO Business Solutions(ISPO 运动行业解决方案平台)，商业模式之价值定位模块创新与用户关系的变化如表 4-2 所示。在新的商业模式下，ISPO 所能顾及的用户(参展商、专业观众)需求更全面，所能服务用户的深度和广度也都在加强。ISPO 不再是某一个博览会的品牌，而成为包含展览、会议、评选、竞赛、媒体等各类行业服务的平台型品牌，包括传统展览在内的各项服务和业务都成为 ISPO 品牌的一个延伸。

(2)收入逻辑与链接全年。收入模型探讨的是公司如何赚取收入，基于与客户关系的互动、渠道及应用的定价逻辑。如表 4-3 所示，总结了 ISPO 展览及创新项目与用户的互动关系，从互动形式上看，2011 年之前主要是传统的 ISPO 展会，参展商和观众之间的互动形式为单向型、双向型，偶有多向型互动。2011 年之后，随着创新项目的增多，互动形式向多向型、网状型转变。相较于单向型、双向型互动，多向型互动强调信息的多向传递反馈，而网状型互动中，所有参与者构成一张紧密联结的网，每位参展商、代理商、零售商、消费者等都是这张网中的一个节点，互动的辐射范围非常广。ISPO 围绕运动产业，建立了以运动品牌商为中心点的网

表 4-2 ISPO 价值定位模块创新与用户关系

组展商价值定位模块				商业模式 1.0		商业模式 2.0	
				参展商	观众	参展商	观众
组展商	价值定位模块	目标市场	慕尼黑	√	√	√√	√√
			上海	√	√	√√	√√
			北京	√	√	√√	√√
		用户需求	交易的需求	√	√	√√	√√
			展示的需求	√		√√	√
			交流的需求	√		√√	√
			宣传的需求	√		√√	
			培训的需求			√	√
			学习的需求			√	√
			招聘的需求			√	
			获奖/公关的需求			√	
			市场调研测试等需求			√	√
		产品/服务	展位	√		√	
			ISPO News			√	√
			ISPO Shop			√	√
			ISPO Award			√	
			ISPO Textrends			√	
			ISPO Brandnew	√		√√	√
			ISPO Academy			√	√
			ISPO Job Market			√	√
			ISPO Open Innovation			√	√

注："√"代表涉及、考虑以及服务 ISPO 的用户（参展商、专业观众），"√√"代表程度加深。

表 4-3　ISPO 展览及“展览+”与用户互动关系

<table>
<tr><th>ISPO 展览及“展览+”</th><th>参与方</th><th>互动形式</th><th>互动渠道</th></tr>
<tr><td>展会(2011 年前)</td><td>ISPO、参展商、观众等</td><td>点—线—面/单向型、双向型，偶有多向型互动</td><td>ISPO 展会现场、email 等</td></tr>
<tr><td>ISPO News</td><td>ISPO、运动品牌商、广告商、消费者等</td><td rowspan="7">点—线—面—网/单向型、双向型、多向型、网状型互动</td><td>印刷版 ISPO News、ispo. com、ISPO 微信公众号</td></tr>
<tr><td>ISPO Shop</td><td>ISPO、运动品牌商、研究机构等</td><td>shop. ispo. com</td></tr>
<tr><td>ISPO Award</td><td>ISPO、运动品牌商、独立评审团(全球 50 余位专业运动员、行业媒体、协会、零售商及消费者代表)等</td><td>ispo. com/award、评审会、ISPO 展会现场</td></tr>
<tr><td>ISPO Textrends</td><td>ISPO、功能性面辅料企业、独立评审团(全球 10 余位面料、色彩趋势及设计专家代表)等</td><td>textrends. ispo. com、评审会、ISPO 展会</td></tr>
<tr><td>ISPO Academy</td><td>ISPO、运动品牌商、专家(学者/业界人士等)等</td><td>论坛、会议、培训等</td></tr>
<tr><td>ISPO Job Market</td><td>ISPO、运动品牌商、相关专业人才等</td><td>ispo. com/jobs、ISPO 展会现场</td></tr>
<tr><td>ISPO Open Innovation</td><td>ISPO、运动品牌商、零售商/代理商、资深用户等</td><td>innovation. ispo. com</td></tr>
<tr><td>ISPO Brandnew</td><td>ISPO、运动初创企业、独立评审团(由历届获胜企业创始人组成)等</td><td>点—线—面/单向型、双向型，偶有多向型互动</td><td>brandnew. ispo. com、评审会、App</td></tr>
</table>

络生态(见图4-2)，通过ISPO Open Innovation使之与代理商、零售商、消费者提前互动，通过ISPO Award使之与代理商、零售商、行业媒体、专业运动员、消费者代表相连，通过ISPO Job Market使之与专业人才相匹配，通过ISPO Textrends使之与设计师、业界专家等交流，通过ISPO Academy使之有机会向专家(业界/学者)学习，通过ISPO Shop使之研读机构最新的报告资讯，通过ISPO News使之与同行、广告商、消费者等有持续交流、宣传的机会。从互动渠道上看，2011年之前特别是2008年之前，ISPO与用户的互动是以线下展会为主，2011年起随着创新项目的“崛起”，互动的渠道变得灵活多样，线上和线下双轮驱动，如ISPO展会、ispo. com、shop. ispo. com、ispo. com/award、评审会、textrends. ispo. com、innovation. ispo. com、ISPO微信公众号、ISPO App、论坛、会议、培训等。

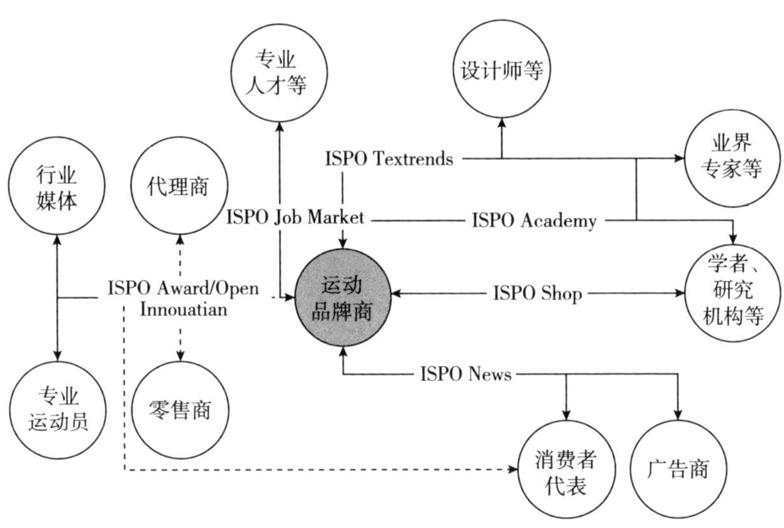

图4-2 ISPO创新服务互动形式

事实上借助图4-3，我们可以看出，2011年起随着ISPO创新项目的增加，ISPO与用户的互动从展期的3天扩展到了全年365天，互动的维度从展览扩展到了培训、资讯、评价、推广、招聘、市场调研与测试全方位，可见，在 ISPO 商业模式 2.0 版本里，解决了“一年只做 3 天生意，剩下 362 天怎么办?”的问题，但是这 362 天的生意有收入来源吗？通过访谈，我们了解到，ISPO News 目前的主要收入来源是广告费，ISPO Shop 的主要收入来源是出售付费报告(界面也有免费报告)，ISPO Award 和 ISPO Textrends 的收入主要是报名费和宣传费，ISPO Academy 的主要收入来源是参会费与赞助，ISPO Job Market 的收入主要是企业年费和定制服务，ISPO Open Innovation 的收入是服务费，ISPO Brandnew 的收入来自赞助。

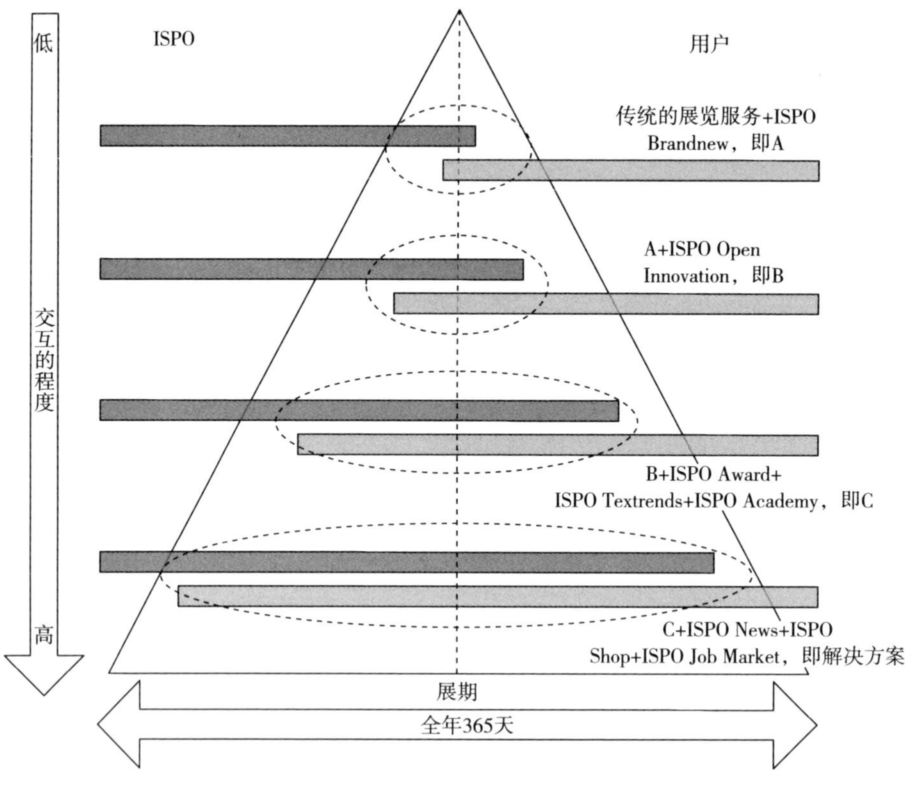

图 4-3　ISPO 与用户互动关系演变

以 ISPO Award 为例，报名费按照提交的时间点分为两档，分别是早鸟报名费用与标准价，运动品牌商按照是否是 ISPO 参展商，价格也分为两档，ISPO 参展商如果参加 2019 年 ISPO Award 的比赛，在 2018 年 10 月 31 日前需要交纳的报名费是 125 欧元，而非 ISPO 参展商在 2018 年 11 月 1 日至 12 月 7 日需要交纳的报名费是 450 欧元。对于获奖品牌，如果需要 ISPO 帮助推广，需要交纳一定的推广费用，根据获奖品类的不同，推广方案也是相配套的(见表 4-4)。

表 4-4　ISPO 项目定价策略(举例)

<table>
<tr><td colspan="4">ISPO Award 参赛费用</td></tr>
<tr><td rowspan="3">报名费</td><td>价格档</td><td>ISPO 参展商</td><td>非 ISPO 参展商</td></tr>
<tr><td>早鸟报名费用(2018 年 10 月 31 日前)</td><td>125 欧元</td><td>325 欧元</td></tr>
<tr><td>标准价(2018 年 11 月 1 日到 12 月 7 日)</td><td>200 欧元</td><td>450 欧元</td></tr>
<tr><td rowspan="4">推广费</td><td>奖项</td><td colspan="2">费用(不含增值税)</td></tr>
<tr><td>ISPO 全球设计大奖 · 年度最佳产品奖</td><td colspan="2">3000 欧元</td></tr>
<tr><td>ISPO 全球设计金奖</td><td colspan="2">3000 欧元</td></tr>
<tr><td>ISPO 全球设计奖</td><td colspan="2">1500 欧元</td></tr>
</table>

注：以上费用均以“每件产品”计。

同样以 ISPO Award 为例，对于参赛并获奖的用户而言，根据不同的获奖类型，实实在在的收益如表 4-5 所示，涉及获奖标签、获奖奖杯、获奖证书、参与颁奖典礼、获奖胸针、媒体宣传、ISPO Munich 展示、ISPO Beijing 展示、ISPO Shanghai 展示、ISPO Award 中国巡展、ISPO Award 巡展(零售店铺陈列和 ISPO 学院活动)、ISPO Munich 展台贴纸、ISPO Award 获奖年鉴、吊牌或贴纸等。

表 4-5 用户参与 ISPO 项目收益（举例）

<table>
<tr><th colspan="4">用户参与 ISPO Award 收益</th></tr>
<tr><th>收益</th><th>ISPO 全球设计大奖·年度最佳产品奖</th><th>ISPO 全球设计金奖</th><th>ISPO 全球设计奖</th></tr>
<tr><td>获奖标签</td><td>√</td><td>√</td><td>√</td></tr>
<tr><td>获奖奖杯</td><td>√</td><td colspan="2">√</td></tr>
<tr><td>获奖证书</td><td></td><td></td><td>√</td></tr>
<tr><td>参与颁奖典礼</td><td>√</td><td colspan="2">√</td></tr>
<tr><td>获奖胸针</td><td>10 枚</td><td>10 枚</td><td>5 枚</td></tr>
<tr><td>媒体宣传</td><td>√</td><td colspan="2">√</td></tr>
<tr><td>ISPO Munich 展示</td><td>仅对展商</td><td colspan="2">仅对展商</td></tr>
<tr><td>ISPO Beijing 展示</td><td>仅对展商</td><td colspan="2">仅对展商</td></tr>
<tr><td>ISPO Shanghai 展示</td><td>仅对展商</td><td colspan="2">仅对展商</td></tr>
<tr><td>ISPO Award 中国巡展</td><td>10 枚</td><td colspan="2">10 枚</td></tr>
<tr><td>ISPO Award 巡展（零售店铺陈列和 ISPO 学院活动）</td><td>根据实际情况而定（仅对展商）</td><td colspan="2">根据实际情况而定（仅对展商）</td></tr>
<tr><td>ISPO Munich 展台贴纸</td><td>√</td><td>√</td><td>√</td></tr>
<tr><td>ISPO Award 获奖年鉴</td><td></td><td>√</td><td>√</td></tr>
<tr><td>吊牌或贴纸</td><td>10000 个</td><td>10000 个</td><td>5000 个</td></tr>
</table>

“每年品牌商都会发布最具创新的新品，而 ISPO 全球设计大奖（ISPO Award）是零售商挑选采购最新产品不可或缺的平台。同时，对新闻记者而言，ISPO 全球设计大奖是他们了解最具创新产品的重要渠道；对顾客而言，ISPO 全球设计大奖是为他们提供客观建议的独立专家。对获奖企业，ISPO 会为其提供全方位的打包收益。”①

（3）成本基础与价值共创。成本模型定义公司如何有力地履行其价值主张，包括核心资产与活动，引入合作伙伴网络进行价值创造。简单来说，就是什么支撑了 ISPO 进行商业模式 2.0 的开发，如图 4-4 所示。

① 来源于访谈实录。

“ISPO 的核心资源就是这个品牌以及其拥有的资源(包括现有的展会活动、数据、号召力和公信力等)。这些独立的项目都是依托 ISPO 这个品牌，利用现有的资源，建立财务独立的业务规划来发展的。在这个过程中肯定会引入合作伙伴，其中包括技术合作和业务合作。技术合作主要是互联网技术平台或提供方，业务合作的形式包括服务购买和外包等。”①

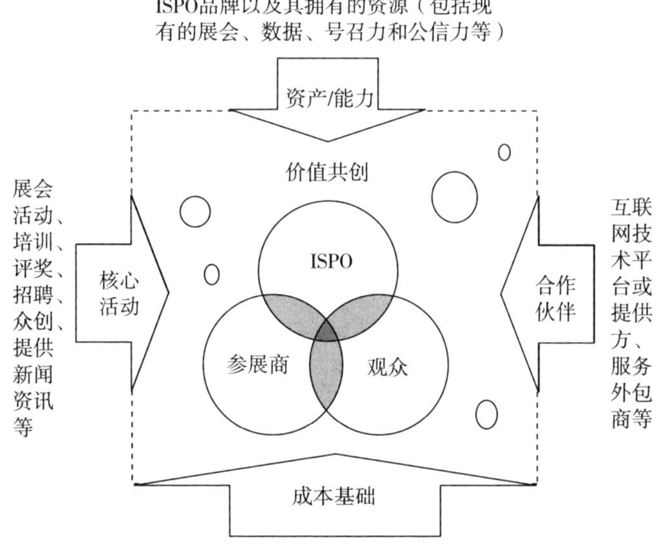

图 4-4　ISPO 成本基础与价值共创

ISPO Open Innovation 通过创意众筹平台(Idea Crowd Sourcing)为运动品牌找到匹配的业界资深用户(遍布全球)，以有效开发并测评全新创新产品。具体包括创意、产品开发、原型测试、产品测试、市场发布几个步骤。创意阶段，消费者为全新产品功能提供全新理念；产品开发阶段(在封闭项目中)，消费者发挥自己的想象力，直接与产品开发人员进行互动；原型测试阶段，旨在获得宝贵的客户反馈；产品测试阶段，通过消费者测试产品，提交报告，参加在线讨论并提供相关反馈；市场发布阶段，独立的

① 来源于访谈实录。

消费者给予开诚布公的反馈。“事实上没有人能够确保成功，但或许我们能够施加影响，我们帮助运动品牌与业界资深用户之间建立起直接联系，从宝贵的项目和原型测评客户反馈中受益，并开拓新市场和客户。令业界资深用户成为品牌大使，令消费者成为忠实粉丝。借助意见领袖提升品牌的价值和忠诚度。我们通过为合格产品提供品质印章提升产品信誉。”①

ISPO Academy 通过与协会、大学、研究机构等合作，或者由 ISPO 自己主导，地方政府/赞助商给予支持等多种形式，举办培训、峰会、讲习班、论坛、研讨会、市场推广计划等线下活动，线上则通过指导活动、网络研讨会、实时聊天、ISPO 讲座录影等方式满足运动商业人士对信息及商业洞察等的需求。独立运作的 ISPO Academy 在慕尼黑、北京和上海的展会同期会有很多活动，近期主题围绕零售产业的数字化、社交媒体、品牌及品牌发展、供应链管理、环境与社会责任等。此外，其在全球范围内举行座谈会与大型会议，而这些均针对当地当前市场主题和目标群体进行统筹组织和策划。例如，ISPO Academy 在中国已经开展了包括“ISPO 学院零售商研修班”“ISPO 学院欧洲市场引介计划”等服务中国企业的活动。作为 ISPO Academy 进入中国后的首个推介项目，每年“ISPO 学院零售商研修班”都聚焦一个当下的热门主题，2013 年解析店、货、人、营销，2014 年打造“明日之店”，2015 年围绕“户外+”理念，2016 年则关注“库存管理”和“商品订货规划”，2017 年聚焦“移动互联网时代的 O2O 营销”。经过四年的实践，“ISPO 学院零售商研修班”在中国运动行业的影响力与日俱增，受到广大零售商的欢迎和支持。事实上市场推广计划不仅只服务中国客户，其是为需要对进驻中国、欧洲以及其他市场做出决定的决策者（品牌商）提供持续数天的研讨会，计划还包括人脉拓展晚宴、导游零售参观、导游贸易展会参观、详细的市场调查、找到适配品牌的销售合作伙伴等。

ISPO 的“渗透力”（合作的广度和深度）很强，以 ISPO China 为例，其

① 来源于访谈实录。

已成为亚洲访问量最高的 B2B 体育产业网站，月访问量高达 20000 人次；ISPO China 还通过路演、零售店巡访等形式与中国 30 余个城市超过 7000 家零售商进行面对面的交流，力图为参展企业邀请到更多更好的零售商、代理商、经销商及业内决策者，使企业在 ISPO China 的参展卓有成效。此外，ISPO China 与 15 家顶级国际体育产业媒体展开合作；与 50 家中文刊物、电视、广播及网络成为合作伙伴；全球有 2000 位来自媒体及出版物的记者报道展会信息；ISPO China 与媒体的主要合作形式是发挥特长，利用各自优势资源搭建系统、及时的宣传网络，坚持只选择优质的、知名的媒体，相互提升品牌形象，并力求为参展企业提供更加专业的宣传服务。

2. 商业模式创新绩效

“ISPO 的大原则就是不增加新的预算量，在总量不变的情况下，重新规划资源，目前商业模式 2.0 新创项目的成本都能够覆盖了，2018 年新业务的营收占 6%~8%。”①

(1)网站点击率对比。借助 similarweb. com 这一平台，我们选择了 premiumexhibitions. com、outdoorretailer. com、sportspromedia. com、outdoor-show. com 这四家运动产业的“实力担当”与 ispo. com 进行比对，采集的是网站最近三个月的点击率(如表 4-6 和图 4-5 所示)，我们发现，无论是总量、月度平均访问量，还是 2018 年 11 月和 12 月、2019 年 1 月的访问量，ISPO 都处在遥遥领先的位置。ispo. com 俨然已经成为运动专业人士和业界资深用户随时随地获取资讯、了解有关运动以及运动产业重要主题的重要渠道。

(2)ISPO Beijing 观众调查。ISPO Beijing 是亚太地区领军的运动用品商贸平台，收集该展会的样本数据对研究观众对于 ISPO 增值服务的参与及满意度有一定的代表性。研究在参考以往相关文献中成熟量表(张涛等，2018)的基础上，初步形成了第一版问卷，进行小范围问卷预测试及信度

① 来源于访谈实录。

表 4-6　ispo. com 与其他网站点击率数据

世界范围内(2018. 11~2019. 1)					
相似网站平台	总访问量	月访问量	2018. 11	2018. 12	2019. 1
ispo. com	1343000	447973	337204	363167	643547
premiumexhibitions. com	586000	19544	12893	16894	28845
outdoorretailer. com	139727	46576	30969	21330	87429
sportspromedia. com	786928	262309	226202	247136	313590
outdoor-show. com	<5000	<5000	<5000	<5000	<5000

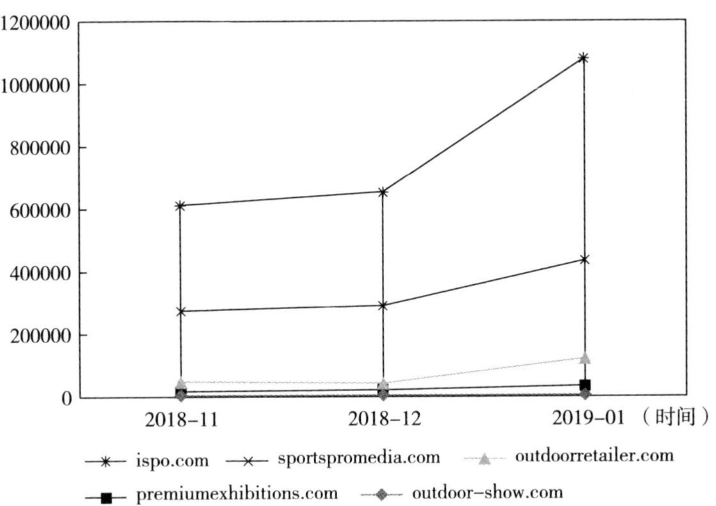

图 4-5　ispo. com 与其他网站点击率对比折线图

和效度检验后，修正了部分测量指标(对不太适用于本次要测量的研究对象的题项以及有作答理解歧义的题项，进行了删除，如“举办地是否有足够资源且能合理利用”“对展会不足是否会向有关部门反映”等)，最终形成正式调查问卷。条目均采用李克特五级量表(Likert 5 Point Scale)进行测量，量表的权值范围设定为 1～5（“非常不同意”到“非常同意”或“非常不满意”到“非常满意”）。样本数据均源于第 15 届 ISPO Beijing 观众的问卷调查，2019 年 1 月 16 日至 1 月 19 日共四天，笔者采用面对面形式对 ISPO Beijing 的观众随机发放问卷 200 份，实际回收 128 份，剔除空缺率过高以及有明显不合理答案的无效问卷，最后得到有效问卷 113 份，有效回收率为 56.5%。这 113 份有效问卷构成该研究的样本数据，并运用 SPSS22.0 进行定量分析。

之所以选择从观众的角度去调查其对 ISPO 改版后的新创项目的参与和满意度的情况，是因为上述活动是围绕运动产业链上的核心企业——运动品牌商展开的，而专业观众对于主办方和参展商的信赖程度以及他们对于新项目的知晓、参与、满意情况很大程度上会影响他们对于展会的持续选择和口碑推介。从表 4-7 可以看出，尽管样本量不大，但观众对于主办方（组展商）及参展商的认可和信赖程度仍较高，分别是 4.11 和 4.18；超过 75%的观众使用过 ispo.com，且满意度高达 4.32；超过 65%的观众参与了 ISPO Academy 举办的活动（满意度高达 4.37），第十五届亚洲运动用品与时尚展（ISPO Beijing 2019）期间的论坛和活动还包括第十四届亚太雪地产业论坛（APSC）、运动训练及运动康复论坛、2019 运动产业论坛等；超过 55%的观众参与或者参观过 ISPO Award 这一活动（满意度是 3.95）；接近一半的观众参与或者参观过 ISPO Textrends 这一活动（满意度是 4.00）；40%左右的观众参与过 ISPO Job Market（满意度是 3.77）、ISPO Open Innovation（满意度是 4.07）以及 ISPO Brandnew（满意度是 4.02）的活动，目前的数据显示，ISPO Job Market 这一业务在北京的使用频率和满意度都还有很大的提升空间。所有被调查的观众都同意向他们推介 ISPO Beijing（同意程度 4.00），并将其作为自己参加同类展会的第一选择（同意程度 3.99）。

（3）2019 年夏季展的承办权。2008 年 3 月，慕尼黑博览集团宣布将不再举办 ISPO 夏季展，“取而代之”的是由欧洲户外联合会（Europe Outdoor Group）所举办的欧洲户外展（Outdoor），成为欧洲新兴夏季运动最重要的汇聚地。Outdoor 最早是德国户外联合会主办，委托菲德列斯哈芬展览公司承办的。欧洲户外联合会成立之后，Outdoor 的主办方（也是产权方）转为欧洲户外联合会，继续由菲德列斯哈芬展览公司承办。然而就在 2018 年 8 月，欧洲户外联合会对 2019 年欧洲户外展（Outdoor）承办方的选择进行了投票，94%的联合会成员参与了这一投票，65%的成员将选票投给了慕尼黑博览集团，相隔十年，OUTDOOR BY ISPO 夏季展重新起航。

表 4-7　2019 年第十五届 ISPO Beijing 观众调查描述性统计分析

2019 第十五届 ISPO Beijing 展观众问项	N	参与率（%）	平均数	标准偏差
展会主办方具有较高知名度和可信赖度	113	100	4. 11	0. 712
展会参展商具有较高知名度和可信赖度	113	100	4. 18	0. 710
您对 ispo. com 这一平台的满意度如何评价？	85	75	4. 32	0. 805
您对 ISPO Academy（ISPO 学院）这一活动的满意度如何评价？	73	65	4. 37	0. 677
您对 ISPO Award（ISPO 全球设计大奖）这一活动的满意度如何评价？	62	55	3. 95	0. 688
您对 ISPO Textrends（ISPO 功能性面辅料趋势大奖）这一活动的满意度如何评价？	57	50	4. 00	0. 732
您对 ISPO Brandnew（ISPO 全球创新大赛）这一活动的满意度如何评价？	46	41	4. 02	0. 774
您对 ISPO Open Innovation（ISPO 研发众创）这一活动的满意度如何评价？	45	40	4. 07	0. 780
您对 ISPO Job Market（ISPO 行业招聘）这一活动的满意度如何评价？	44	39	3. 77	0. 711
您会将 ISPO Beijing 当作同一时间阶段或同类展中的第一选择	113	100	3. 99	0. 861
您会将 ISPO Beijing 向他人推荐	113	100	4. 00	0. 886

(五)结论和启示

本书采用单案例研究法，对ISPO商业模式创新及其与用户关系重塑、动态互动的过程等进行了系统性的分析，即借鉴商业模式模块化要素理论，分别探讨价值定位与用户关系(用户需求重新调研的基础上为目标市场提供创新的产品/服务)、收入逻辑与链接全年(365天“永不落幕”、运动品类全覆盖)、成本基础与价值共创(新客户的开发、老客户的维护、保留与挽回的能力/活动等)。

1. 研究结论

(1)互联网时代组展商重塑与用户关系的起点在于对客户需求的再理解。目前ISPO服务的用户需求包括交易的需求、展示的需求、交流的需求、宣传的需求、培训的需求、学习的需求、招聘的需求、获奖/公关的需求、市场调研测试的需求等，所有服务创新项目也围绕上述需求展开，而这样做事的逻辑使得ISPO学会随时关注用户需求的变化，并在这些潜在的变化中找到共赢的空间，实现成功的商业转化。事实上，这样做事的企业在其他行业也有，如人力资源行业的“人力资源智享会”，基于需求重塑了与用户的关系，形成了自身独特的商业模式。Stoeck和Schraudy(2005)的研究识别了组展商需要向参展商提供的五个关键利益点，以保证其展会的持续性，其中有四点涉及对用户需求的再理解与再转化。组展商要成为行业内的信息经纪人、市场的“喉舌”以及为整个行业设置场景，而这一切的基础和起点就是对客户需求的再理解。

(2)互联网时代组展商重塑与用户关系的关键点在于对产业价值的深耕。“传统的德国展览公司在面对自己优势展会所处的行业时，为了保持‘行业中立性’，往往会刻意与该行业保持一个适当的距离，把‘为客户提供优质的展览服务’作为自身唯一的目标，对于行业的兴衰变化往往处于被动接受的角色。”

2008 年 ISPO 慕尼黑夏季展随着网羽球拍类运动消费市场的停滞而停止，随着户外运动的兴起而诞生的欧洲户外展(Outdoor)快速发展。随后10 年间，ISPO 深耕运动产业，形成了包括极限运动、健康与健身、专业运动服饰、户外与滑雪、采购、纺织原料等全运动产业链条的服务平台。互联网技术驱动行业、市场以及顾客需求满足方式都发生着前所未有的变化，因此，也带来了很多不同于以往的发展机遇，然而，企业能够获得全新价值的关键在于对产业本质的理解，在此基础上让产业本质更加回归顾客价值。不仅 ISPO 本身更懂产业，它还致力于帮助它的用户找到合适的资源(通过 ISPO Textrends 找原材料，ISPO Job Market 找专业人才，ispo. com 找最新鲜的资讯，ISPO Shop 找最专业的报告)，进而形成专业储备，助力企业聚焦主业。ISPO 2018 年赢得了欧洲户外展(Outdoor)的承办权就是市场给予 ISPO 深耕产业的最好的肯定。而这与 Heckmann(2005)的研究结论相似，即过去组展商执着于向参展商卖展位、获取观众、提供更好的产品，与之相应的组展商与参展商之间的关系仅限于展会期间，交流范围也很有限。然而，随着展览功能的变化，组展商现在需要发现行业趋势、深耕产业价值、开发符合产业市场规律的创新展览概念，并帮助参展商与客户建立持久的沟通。

(3)互联网时代组展商重塑与用户关系的可持续性在于客户生命周期的管理。ISPO 新的商业模式充分考虑了客户生命周期理论，在整个生命周期的不同阶段用不同的活动开拓、获取、维护及挽回用户。在客户生命周期的五个阶段，即开拓期、获取期、形成期、稳定期、衰退期，ISPO 与客户之间的关系大致如下:①客户开拓和获取阶段，ISPO 针对参展商推出的是 ISPO Brandnew 和 ISPO Textrends。自 2000 年以来，此前的获奖品牌中不少已经成为行业翘楚，如 GoPro、Naish Kites、Maloja、Nixon、On 等。对于观众而言，ISPO 在这一时期所做的有 ISPO China 路演、零售店巡防以及“边看边买”直播。通过路演和零售店巡访，为参展商获得高质量的专业观众。同时，ISPO 展会自 2017 年起携手天猫，进行全程“边看边买”直播，分享展会现场最前沿的国际新奇特运动装备，满足了未能进入展会现场的

顾客的需求。同时，针对运动爱好者，在展览会活动期间设置 ISPO 户外体验日和早安跑，以吸引专业买家及潜在客户。②ISPO 在客户形成时期，一切服务都从能否给客户带来最大利益的角度出发。对于参展商而言，ISPO Academy 是为运动产业链各端精英人才设立的专业且持续的知识分享平台，此外，ISPO Open Innovation 对展商和对观众都是很好的对接和互动渠道。③客户关系稳定期，ISPO 注重拉长此周期，ISPO 为展商提供 ISPO Job Market 与 Sporty job 及知名猎头企业 AG 运动咨询公司合作，为行业内的专业人士提供职业发展的机会。此外，为了提升零售商的便利性，2015 年宣布与皓令国际达成战略合作，推出店铺零售管理软件——OneStore，便于零售商进行系统性的客户关系管理和各类移动支付收款。④ISPO 在客户衰退期除了注重行业信息的发布和行业趋势的把控，还筹备开发新一轮客户生命周期的活动。例如，在 2017 年 ISPO 上海的展览会上，专门为"户二代"精心准备了多种运动，与上海首家专注儿童滑板教学的室内滑板场联合举办儿童滑板夏季训练营，设置多重户外实景体验，关注儿童户外发展。

对于观众而言，ISPO Community 是运动达人互联网的聚集地，集经验分享和互动于一体。为了更好地观察消费者的行为，也会不定期地开展线下活动拉近社群关系，同时线上发布相关新闻、产品信息、相关品牌广告和商业合作类信息，以供专业人士参考。事实上，在整个对客户关系管理的过程中，ISPO 借助 ISPO 展会通信、ISPO Shop、ISPO News 等，始终与用户保持充分的联系。通过生命周期的管理和互动，使 ISPO 成为服务运动产业的全年"集散地"。

2. 理论贡献

（1）丰富和拓展了平台类商业模式价值共创机制理论与应用场景。尽管已有研究探讨了平台类商业模式的类别（李文莲、夏健明，2013）、价值创造过程（Ritala et al.，2014）等，也有学者从顾客的角度强调其参与的重要性（江积海、李琴，2016），但鲜有研究从平台方核心主体之间（三个关键利益相关者——组展商、参展商与观众）互动的视角来剖析价值共创的形成过程，即组展商通过内外部资源整合，建构了价值共创的系统，在其核心用户（参展商与观众）的共同参与下共创价值，在这一价值创造多元互动过程中也存在多组二元互动方式，即组展商与参展商、组展商与观众、参展商与观众的互动。组展商想要实现“惊险的一跳”，参展商与观众缺一不可，面对互联网等线上平台的冲击，组展商与其用户良好的互动关系是其可持续发展的重要支撑。此外，本书在 Schon（2012）研究的基础上，运用案例研究的方式检验了其所提出的商业模式模块化要素的适用性，并将这一理论的应用场景拓展到了平台类企业。

（2）对商业模式创新过程中如何挖掘及同时满足多用户群需求进行了一次有益的探索。Teece 在其最新的研究中提纲挈领地讲道，好的商业模式需要对客户需求的深入理解，企业需要提供适配的技术及其他组织资源来满足这些需求（David，2018）。可对于如何挖掘这些需求，如何满足这些需求，并没有给出技术和策略，而在展览的情境下同时涉及参展商与观众的需求，更是无先例可循。本书通过对 ISPO 2008 年至 ISPO 2018 年十年商业模式创新进行研究发现，组展商仅站在展览业的角度和组展商站在参展商及其所在行业的角度去思考其用户的需求，对需求本身的理解的差别就非常大，更不用说对需求的满足了。对于平台类企业商业模式创新而言，是否站在用户及其所属行业的角度是深入挖掘需求的第一顺位思考要素。

（3）进一步丰富了互联网商业模式创新驱动因素的理论研究，为深入开展商业模式创新驱动力实证研究提供新的思路。已有关于互联网商业模式驱动因素的研究中，国内外学者将驱动因素分为外部驱动因素（如技术、需求与竞争）和内部驱动因素（如企业家精神、组织学习能力与管理认知）（Zott and Amit，2001；吴晓波、赵子溢，2017），然而，通过对 ISPO 的深入调研、访谈与分析，我们发现 ISPO 商业模式创新的驱动因素除了上述所提到的影响因素，还有一个重要的驱动力是品牌的持久性。正如 ISPO 亚洲负责人在访谈中所提到的：“我们与中国美容博览会（China Beauty

Expo，CBE）商业模式创新的一个最主要的区别是我们思考的起点是未来如果展览都没有了，是不是还有ISPO品牌，我们后来所做的所有努力都是为了这个在奋斗。”依据消费者（B2B/B2C）与品牌互动关系的形成过程以及态度理论中的“认知—情感—行为”框架，也很容易理解这一理念背后的逻辑，但目前有关品牌驱动力对于创新战略影响的研究结论是：发挥作用，但不及技术及服务创新的驱动力度大，特别是在新经济与互联网经济的背景下（Truong et al.，2014；张克一等，2018）。当然，这几项研究都是在B2C情境下的实证研究，B2B情境有待进一步研究。此外，未来还可以对比同一行业（如展览业）不同驱动因素的企业商业模式创新路径与方式的差异。

（4）弥补了从组展商的角度进行展览领域案例研究的空白。已有展览领域的研究很少从组展商的角度出发，而本书选择从组展商的角度，同时探讨组展商与参展商、观众的互动关系。

3. 启示与展望

本书的管理启示主要在于：好的商业模式需要对客户需求的深入理解，企业需要提供适配的技术及其他组织资源来满足这些需求；对产业价值的深耕是互联网时代组展企业的利器，专注聚焦于做比行业更懂行业的专业服务商；注重客户整个生命周期的管理——挖掘、开发、维护、赢回等，不同的阶段采取不同的活动（策略），建立良性的客户流通机制；大部分商业模式的创新涉及与原有商业模式融合的问题，而新的商业模式的运作最好有独立的部分来进行，冲突小，效率高。

综上，研究对于我国展览业组展商如何应对及“利用”互联网等新兴力量所带来的机遇与挑战提供了很好的借鉴素材，也使我们借此重新思考未来展览的使命何在，该如何布局当下。

研究的主要局限性在于单一案例的分析，没有深入研究行业内其他企业，或者不同行业相同互动创新模式的对比，未来可以扩大样本，通过多案例进行比较分析，探究同样困境下商业模式创新的原动力及不同驱动力下的创新差异。

二、互联网技术相关展览专利对创新的作用研究

自2020年上半年，线下展览会的举办受到一定限制，多个展览会停办或延期举办。为了降低对展览业的影响以及更好地应对展览业重启，我国政府、协会、企业等各层面相继出台了有关的政策建议，如上海市于2020年3月19日通过了全国首个会展业地方性法规《上海市会展业条例》，该条例明确鼓励促进“网上会展”，形成线上线下会展活动的有机融合；2020年4月13日商务部办公厅发布的《关于创新展会服务模式培育展览业发展新动能有关工作的通知》指出，创新展会服务模式是在新冠疫情条件下推动行业加快恢复和发展的重要举措。早在2015年国务院出台的《关于进一步促进展览业改革发展的若干意见》指出，举办网络虚拟展览会，形成线上线下有机融合的新模式，推动云计算、大数据、物联网、移动互联等在展览业的应用。

数字化转型已是这个时代的企业发展趋势，“互联网+”已然成为展览业转型升级的助推器。未来线上展会和线下展会一定是互相支持和相辅相成的，线上展会中网络交流是为面对面沟通服务的，之后通过线下展会形成企业生态链，因而线下实体展会依然起到重要作用(陈先进，2020)。因此，基于互联网的实体展览会模式创新刻不容缓。

在互联网与展览业商业模式融合中，海量数据资源的信息化、基于云计算的大数据分析、基于数据分析的产品和服务创新均离不开互联网技术的支持。目前，虽然有诸如腾讯(第127届广交会技术服务商)等外部互联网服务商助力展会，但我们仍需思考展览业自身的技术创新如何助力线下展会的发展以及其如何与线上展会融合。Friedman(2019)认为，未来展览行业的驱动因素是人口统计特征、技术和时间，并提出了展览会的一个新

概念——现代数字贸易展会(Modern Digital Tradeshow),这种模式的展览会是一种全新的数字化综合贸易展览会管理平台。可见,未来展览业的发展趋势不仅要进一步探索线下展会的转型升级之道,而且要加强数字化技术等与展览业的深度融合。

基于上述背景,本书认为有必要"数数家底"(展览业技术创新态势分析),并重点关注与互联网技术有关的展览技术创新程度如何,互联网相关的展览专利技术和流程特征呈现怎样的特征以及所处技术生命周期如何。本章以互联网相关的展览专利数据为切入口,具体探究上述问题。

(一)展览创新进展

1. 展览模式与技术创新

2000年以来,我国展览业迅速发展成为国内最受重视的活动产业之一(罗秋菊,2020),近20年的发展促使我国的展览业不断进行着模式上的转变、创新与变革。随着信息技术革命和工业4.0的深入发展,互联网技术发展下催生出的新型商业形态不断促使传统展览向现代展览模式升级,现代展览的主要功能也逐渐从贸易功能转向创新功能(贾岷江等,2017)。

从具体的展览各类创新模式研究来看,目前学界在展览商业模式、运营模式、服务模式等模式的创新上都有较为深入的研究。在运营模式创新方面,为保障展览业的良性发展,政府主导型展会经营模式应当进行转型升级(耿松涛等,2015),提高场馆经营效益需要政府、会展协会和企业三方齐参与(余远洋,2015)。在服务模式创新方面,目前展览业在营销渠道上衍生出SEM(搜索引擎营销)、信息流、新媒体在内的新型营销渠道,形成"互联网+展会"的展会服务模式(蒋天駸,2020)。然而,目前展览技术发展模式方面还缺乏相关研究,因此,在进一步探索展览模式转型升级的同时,我们有必要系统地考察展览业技术创新的现状,发掘展览技术创新模式。

随着移动互联网技术的迅速发展，网络数字技术越来越多地应用于展览实践活动之中，并且发挥着越来越大的作用。Friedman(2019)认为，新兴技术、技术应用和基于技术的系统正在推动营销世界的变革，反过来也在推动贸易展览业的变革。展览技术创新和应用出现在展览会活动的各个流程环节中，对提升主办方、参展商、专业观众的体验和效益都有重要意义。目前，展览技术创新的研究主要集中在陈列展览、展览建筑空间、展览展示空间、线上虚拟展览、展览信息系统或平台等方面。

在陈列展览方面，多媒体作为一种主要的传播手段，早已成为展示展品的重要手段(李展帆，2020)，交互式多媒体技术为代表的展示方式将会成为现代会展业发展的主流方向(于梦瀛等，2015)，利用 AR-VR 融合的陈列互动方式能够提高展览交互体验(张丽，2020)。在展览建筑空间方面，数字媒体技术对展览建筑设计进行了技术上的补充，增加了展览建筑的空间互动性(李莹，2019)，改良了展览建筑的展示空间形式，赋予了展览建筑新的空间感受(赵越，2019)。在展览展示空间方面，以往在展览馆、展示大厅中实际应用到的技术手段十分不利于全面展示展品的实际特点(杨茜婷、周峰越，2018)，交互新媒体技术的出现丰富了展览展示的形式，让展览效果进一步得到提升(马小淳，2020)。在线上虚拟展览方面，线上虚拟展览最开始主要是应用于博物馆的虚拟展览展示活动，通过互联网 3D 数字技术搭建线上虚拟展馆进行展示(Foster et al.，2002)。线上虚拟平台中最引人注意的是 2003 年由林登实验室(Linden Lab)推出的“第二人生”(Second Life)虚拟世界平台，该平台整合了在线虚拟创意、娱乐、社交、房地产、教育、商业等多个模块，成为轰动一时的虚拟展览社交平台(Boulos et al.，2007)。在展览信息系统或平台方面，2002~2003 年欧洲八个国家曾共同资助开发“提供移动式展会的电子支持服务”项目，通过利用无线网络和室内定位技术开发了一个面向展览和活动的集成中介平台；黄月(2009)在构建客户驱动型服务供应链体系的同时，还提出了应用于会展信息管理系统研究的会展信息数据处理模型、会展服务供应链模型。

回顾展览技术创新相关的研究可以发现，目前的研究多是从展览活动中的某个具体环节或流程中的某个具体技术应用来研究展览创新的，较少有研究对展览业整体、展览活动的不同流程上的技术创新特征全面考察展览技术的发展态势，由此现有研究存在以下局限性：①缺乏对展览技术整体上的发展态势的研究，无法把握展览技术发展处于何种阶段；②缺乏从一定的理论视角对展览技术发展状态的评估和分析。为了更好地考察目前展览技术的发展状况，本章从技术生命周期视角，利用展览专利数据来评估和分析展览技术生命周期。

2. 专利与展览创新

专利与展览会最初源于专利对展会展品的保护。早在 19 世纪和 20 世纪的欧洲展览会上，《保护工业产权巴黎公约》《国际展览会公约》等国际公约中就设有相关专利规定，对那些在国际展览会上展出而未申请专利的发明展品予以临时保护（Richardson，2010）。随着现代展览会的主要功能越来越从贸易功能转向创新功能（李春燕、黄斌，2017），展览业也越来越重视对技术创新进行专利保护，通过专利保护下的技术创新为参展商和观众创造更多的价值。

现在专利数据已经成为创新能力的具体体现和创新经济价值的潜在标志（陈劲、陈钰芬，2006）。近年来，专利的作用不再仅限于保护发明者的知识成果，不少学者通过实证研究发现，专利信息所具有的可靠性和稳健性特点，使专利数据成为目前广泛认可、最常用的创新测量指标（张亚峰等，2018）。在当前互联网与展览业相融合的情境下，互联网技术的不断发展不仅带动了展览技术的创新，更影响了展览形式和展览模式的创新与转变。拥有诸多技术专利的互联网企业进入会展领域，更是提升了展览的创新能力和价值。百度、腾讯、阿里巴巴等互联网企业最具价值的专利大部分集中在数据标识、数据块、搜索引擎、计算机网络技术、智能显示等技术领域（罗恺、袁晓东，2020），而这些技术领域中不少技术已经应用于展览活动中，助力展览创新。在未来，展览会的科技化程度会越来越高，不仅需要“展览+互联网”（将互联网信息技术应用到展览实践中），更要

“互联网+展览”（在新技术带来新动能下互联网深度影响展览业的转型和变革），这些发展与转变使我们不得不去重视展览技术上的创新发展态势。因此，探索我国互联网技术相关的展览专利的发展态势，也是十分必要的。

（二）研究方法

在创新与专利的研究方法方面，定性研究方法通过对专利相关内容进行总结和分类，结合时间、地域进行比较分析、关联分析等，从而推理某一生产技术的创新发展情况。专利地图法是将多次专利文献的统计结果整理成各种图表，即将专利信息“地图化”（左良军，2017；翟东升、王明吉，2006）。在定量研究中，学者多会引入技术生命周期分析法，对专利技术创新划分发展阶段（李春燕，2012；赵莉晓，2012；方曦等，2019）。

技术生命周期的概念由生命周期理论发展而来，是指人类在认识和改造自然的历程中，随着知识量的连续积累，技术先进性呈现出的阶段性变化（张海锋、张卓，2018）。技术生命周期的各阶段是可预测和分析的，进而可进行前瞻性技术管理（李春燕、黄斌，2017）和企业战略规划（杨茜婷、周峰越，2018）。学者对技术生命周期理论的研究最早是从对技术生命周期划分阶段开始的，如六阶段论（Harvey，1984）、四阶段论（张丽，2020；Foster，1986）。目前，专利研究中多采用四阶段技术生命周期（张丽，2020），各阶段在专利数量、专利类型、专利申请人数量上的特征如表 4-8 所示。这种分析方法目前已广泛运用于多个行业的专利技术研究，如非晶硅薄膜太阳能电池技术（Tseng et al.，2011）、RFID 技术（赵莉晓，2012）、石墨烯技术（苗军等，2014）、门禁系统安全技术（赵越，2019）、新能源汽车技术（王博等，2020）等。

当前判定技术生命周期阶段多采用专利指标法和 S 曲线法对专利数据进行分析（张丽，2020）。专利指标法通过计算技术生长率（v）、技术成熟系数（α）、技术衰老系数（β）和新技术特征系数（N）的值，测算专利技术生

表 4-8　技术生命周期各阶段特征

阶段	专利数量	专利类型	专利申请人数量
导入期	较少，增长较缓	发明	较少，增长较缓
成长期	激增	发明	激增
成熟期	增长趋缓	实用新型	保持稳定
衰退期	负增长	外观设计（商标）	负增长

资料来源：李春燕．基于技术生命周期的专利组合分析研究［D］．北京：中国科学院文献情报中心，2009.

命周期（陈燕等，2006）。技术生长率（v）是指，某技术领域发明专利申请或授权量（a）占过去 5 年该技术领域发明专利申请或授权总量（A）的比率；技术成熟系数（α）是指，某技术领域发明专利申请或授权量（a）占该技术领域发明和实用新型专利申请或授权总量（$a+b$）的比率；技术衰老系数（β）是指，某技术领域发明和实用新型专利申请或授权量（$a+b$）占该技术领域发明、实用新型和外观设计专利申请或授权总量（$a+b+c$）的比率；新技术特征系数（N）是由技术生长率和技术成熟系数推算而来的。各指标与技术生命周期的关系如表 4-9 所示。

表 4-9　技术生命周期与 4 个专利指标的关系

阶段	技术生长率（v）	技术成熟系数（α）	技术衰老系数（β）	新技术特征系数（N）
导入期	增长较小， 逐年增长， 但增速缓慢	增长	增长	增长
成长期	增长增速明显	增长	增长	增长
成熟期	下降	下降	增长或不变	下降
衰退期	下降	下降	下降	下降

资料来源：张亚峰，刘海波，陈光华．专利是一个好的创新测量指标吗？［J］．外国经济与管理，2018，472（6）：4-17.

S 曲线又称成长曲线（Growing Curve），Foster（1986）通过 S 曲线研究技

术生命周期发展阶段。以时间为横轴、累积专利申请量为纵轴建立曲线图，曲线呈现出“S”形的变化趋势。S 曲线主要包括两种：一种是对称型 S 曲线，称为 Logistic 曲线；另一种是非对称型 S 曲线，称为 Gompertz 曲线（朱庆华，2004）。本研究采用 Logistic 曲线，利用某技术的专利申请量数据拟合出 Logistic 曲线，就可以判断其技术生命周期的各个阶段。该曲线可以用如下关于 t 的函数表示（Peleg et al.，2007）：

$$y=f(t)=\frac{l}{1+\alpha e^{-\beta t}} \tag{4-1}$$

式中：y 为某技术的专利累积申请量；l、α 和 β 为常数；t 为时间。利用某技术的专利申请量数据拟合出 Logistic 曲线，就可以判断其技术生命周期的各个阶段。运用 Logistic 进行估计，可以得到 y 的最大值 k，并且可以计算出三个重要的拐点，计算公式为

$$f(t_{10})=10\%k,\ f(t_{50})=50\%k,\ f(t_{90})=90\%k \tag{4-2}$$

一般认为，t_{10} 之前为导入期，$t_{10}\sim t_{50}$ 为成长期，$t_{50}\sim t_{90}$ 为成熟期，t_{90} 之后为衰退期。

（三）专利信息收集与数据编码

1. 展览专利数据与数据收集

本研究通过中国专利全文数据库（知网版）和 SooPAT 专利搜索引擎进行专利信息搜索。中国专利全文数据库（知网版）集成了每件专利相关的最新文献、科技成果、标准等信息，用户能够搜集到每件专利的产生背景、发展动态和趋势。SooPAT 对互联网上的专利数据库进行整合，其搜索范围广、时间跨度长、文献量大，能够为读者提供方便、易操作的搜索服务（刘晓坤等，2012）。

首先，以中国专利全文数据库（知网版）为主要专利检索源，在“全文”检索条件下，选取“会展”作为关键词，在“专利名称”检索条件下，选取

“展览”作为关键词，进行检索(检索时间均为2020年3月22日)。将专利的名称、申请号、公开号、申请日期、公开(公告)日期、法律状态、申请(权利)人、地址、发明人、摘要等信息使用Excel进行汇总。随后，通过SooPAT检索，对专利的类型、专利代理机构、代理人、优先权、国际申请、国际公布、进入国家日期等信息进行补充，以确保专利信息的完整性。为保证专利数据样本时间年度的完整性，样本时间区间为1990～2019年，数据收集截止时间为2019年12月31日(公告日)，最终分别收集到“会展”专利1271件，“展览”专利1235件。

为确保研究的可靠性，本书对样本进行如下人工筛选和处理：①将收集到的“会展”专利与“展览”专利数据合并，通过比对专利名称、专利申请号，剔除重复专利条目28条(14对)；②剔除因专利地址中含有“会展”而被检索，但与展览业无关的专利条目19条(如地址为山东省济南市高新区会展西路的停车场专利)；③剔除由会展公司申请，但与展览无关的专利条目148条(如珠海十字门国际会展中心管理有限公司申请的“书签”)；④剔除由个人、院校或公司申请的各领域通用型专利、非展览专用的专利条目669条，这类专利因摘要部分提及“适用会展业”而被检索，实际与展览不相关(如黑龙江鑫联华信息股份有限公司的“一种选址方式”)；⑤剔除专利名称中包含“展览”但与展览会以及展览流程中的具体活动无关的专利条目16条(如“教室展览书柜”)。对上述专利数据筛选处理后，最终得到1665项展览专利样本。

2. 展览专利数据编码

(1)编码依据。本书对检索到的专利根据展览流程，将每条专利归类到展前、展中、展后三个阶段。展览流程多为展览实践中形成的工作流程，学术研究成果比较有限。因此，在编码之前，本书先对展览流程包含的阶段和具体活动进行归纳总结，形成展览流程的基本框架及基本活动，作为编码依据。

对于展览流程中包含的阶段，从展览组织方角度来看，为了完成在特定场所为参展商和观众提供的一次交流活动，展览会的参加主体按照一定流程进行一系列的准备和组织工作，这些工作包括立项、展前的准备工作、展中的组织工作和展后的善后工作（解姣姣，2013）。在展览行业实践中，以会展组织者为中心按照时间顺序的商业展览会一般业务体系包括展前、展中、展后三个阶段（刘燕萍，2004）。因此，对于展览活动的流程，整体上可以划分为展前、展中、展后三个阶段。

对于展览流程中包含的具体活动，从展览项目的实施流程来看，可分为会展项目市场调查、会展立项策划、会展项目服务供方选择、会展相关活动策划、会展招展和招商、展会宣传推广、会展的现场服务七项内容（张捷雷，2009），每项内容中还包含有一系列具体的子活动。黄月（2009）认为，展前阶段包括策划立项、机构组建、项目营销；展中阶段包括展会配套服务、展商和观众服务、展会门禁管理、接待服务、保障服务；展后阶段包括展会总结、展会报告、下届信息发布和策划宣传、给展商发放展后意见调查表和征询表等活动。

综上，本书根据现有的学术研究和实践经验，总结出展览流程框架及活动，作为本研究编码依据（见图 4-6），用于对检索到的专利进行进一步的编码处理。

（2）编码过程。依据每件专利的专利名称、摘要和在 SooPAT 专利搜索引擎中的图片，本书对检索整理出的 1665 件展览专利进行编码，将每件专利归类到展前、展中、展后三个阶段，以及判断每件专利发明是否与互联网技术相关。编码分别由两个小组进行，第一个小组由两名会展管理的研究生组成，第二个小组由一位展览领域学者组成，两个小组先独立开展工作，之后再进行讨论与核对。编码共进行了三轮：①第一轮背对背独立编码，以总结出的展览流程框架为编码依据，两个小组的成员分别独自对每件专利进行编码，得出三人的独立编码结果。②第二轮时，第一个编码小组内部对第一轮存在差异的条目进行分析和讨论，达成一定共识后再次编码。③第三轮校对编码，由第二个小组编码人员对第二轮编码结果再次进行核对，之后两个小组对仍未达成共识的条目进行讨论和校对，以达成共

识并保证编码结果的科学性与严谨性。

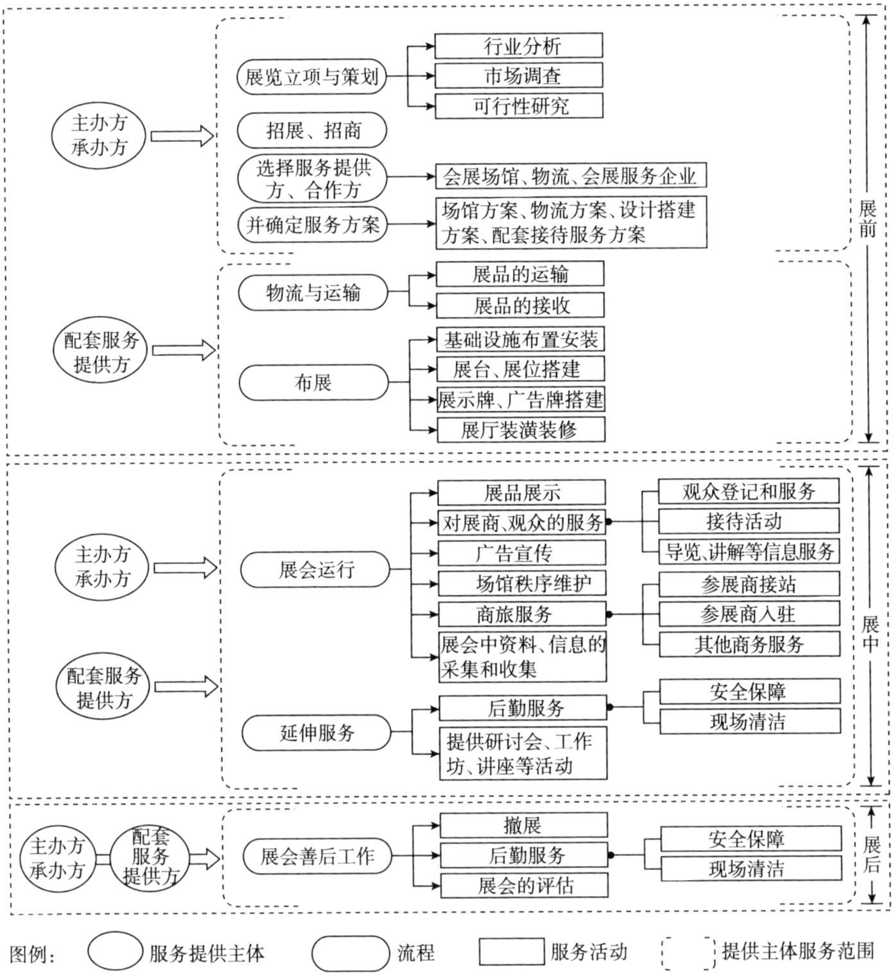

图 4-6　展览的流程、阶段和活动

对检索收集到的展览专利进行进一步整理编码统计得到互联网技术相关的展览专利，从 2001 年第一件互联网技术相关的展览专利申请以来到 2019 年底，展览专利中共有 130 件互联网技术相关的展览专利，仅占总体展览专利数量的 7.81%。

(四)互联网技术相关的展览专利发展态势分析

1. 互联网技术相关的展览专利数量特征

按时间对与互联网技术相关的展览专利的专利公布量和专利授权量(目前法律状态仍为授权的专利)进行统计整理，得到 2001~2019 年互联网技术相关的展览专利申请数量、公布数量、授权数量的年度变化趋势(见图 4-7)。

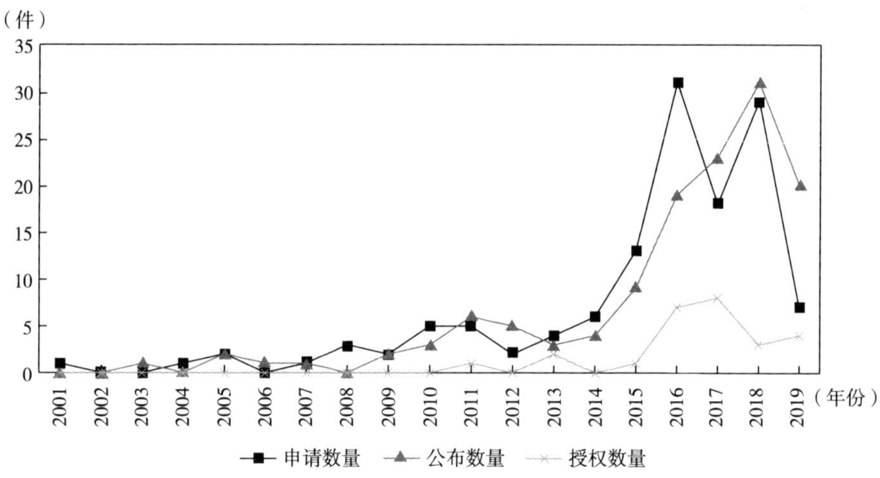

图 4-7 2001~2019 年我国互联网技术相关的展览专利申请、公布和授权数量的年度变化趋势

从专利申请数量来看，互联网技术相关的展览专利申请数量变化与总体展览专利申请数量变化基本一致，2015 年以前互联网技术相关的展览专利申请数量均在 10 件以下，申请数量少，增长缓慢，没有形成一定规模。在 2015 年以后的快速增长阶段，申请数量开始有了大幅增长，并在 2016 年形成第一个增长高峰，随后便开始波动式增长，在 2018 年形成第

二个增长高峰。从专利公布数量来看，2016 年以前互联网技术相关的展览专利公布数量均在 10 件以下，处于低水平的平缓增长状态。2003~2013 年专利公布数量增长非常缓慢，而 2013 年之后增速变快开始大幅增长。相对于申请数量、公布数量的变化，授权数量的变化更为平缓。2015 年之前授权数量的变化不太明显，2015 年之后才有明显的增长。

从整体来看，互联网技术相关的展览专利授权量同年度专利申请量基本保持一致。目前，互联网技术相关的展览专利申请数量和授权数量都非常少，而发明专利授权数量是测度技术创新能力状况的重要指标（刘燕萍，2004）。说明目前展览专利中互联网技术相关的技术创新能力还比较薄弱，随着互联网技术的迅速发展，互联网技术日益成熟，应用领域更加广泛，线上展会的需求增大，互联网技术相关的展览技术、设备应该成为未来展览技术研发创新的一个重要方面。

2. 互联网技术相关的展览专利类型分析

根据《中华人民共和国专利法》，我国的专利共有三类：发明、实用新型和外观设计。由图 4-8 可知，1990~2019 年我国展览专利申请中，互联网技术相关展览专利的专利类型涉及 88 件发明和 42 件实用新型，没有涉及外观设计，说明目前我国互联网技术相关的展览专利技术研发创新主要集中于发明和实用新型专利。

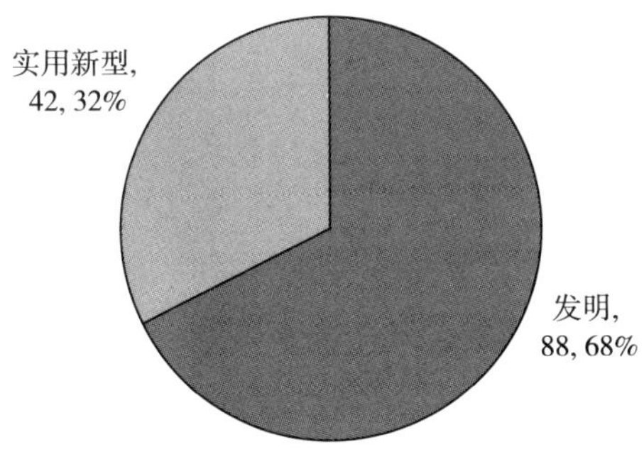

图 4-8　2001~2019 年我国互联网技术相关的展览专利类型分布

根据专利所处的不同的审查阶段或者具有的不同的法律效力，专利的法律状态可以分为三类：未授权、有效、失效（王学昭等，2013；邱洪华，2017）。未授权的专利主要为在申请阶段的专利，法律状态包括公开、实质审查请求生效、专利申请被驳回、专利申请撤回（被撤回）等。有效和失效主要为专利授权后专利权的法律效力，有效专利的法律状态包括授权，以及专利权的转让、恢复、著录变更、质押保全等，失效专利的法律状态包括专利权无效、专利权终止、专利权避重放弃等。在三类专利中，发明专利的审查程序最为严格，保护期限较长，是三类专利中最能体现创新水平的专利指标（周煊等，2012）。而实用新型和外观设计的审查程序比较简单，保护期限也相对较短，外观设计与发明和实用新型相比创新程度较低。

3. 互联网技术相关的展览专利申请主体分析

（1）互联网技术相关的展览专利主要申请主体。通过分析展览专利的申请主体，可以了解展览业内专利申请人的创新能力（邱洪华、龙斌，2017）。互联网相关的展览专利的主要申请主体是公司（82.03%），其次是个人（11.72%），最后是院校（6.25%），如图 4-9 所示。公司中安徽奕甲

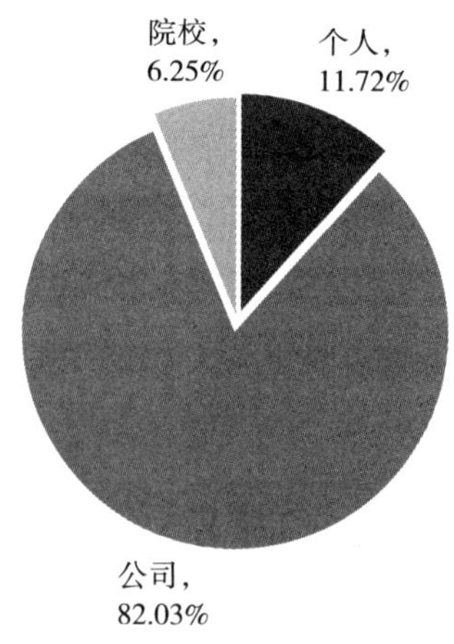

图 4-9　2001~2019 年我国互联网技术相关的展览专利申请主体

文化传媒有限责任公司、成都勤智数码科技股份有限公司所拥有的专利超过5件，其余203个公司拥有的专利均在5件以下，拥有3件及以上专利的申请主体均为公司。由此可知，活跃在互联网技术相关的展览专利技术创新和研发投入的主体主要为公司而非个人和院校。

(2)互联网技术相关的展览专利主要申请主体所属地。经过30年的发展，互联网技术相关的展览专利的地区分布较为广泛，分布在我国18个省份和一个海外国家(韩国)。其中，上海市的互联网技术相关的展览专利数量最多，为25件，上海市、广东省、江苏省、安徽省、北京市等地区互联网技术相关的展览专利数量在10件以上并且累计总量超过全国专利总量的一半。湖北省、黑龙江省、四川省、辽宁省等地区互联网技术相关的展览专利数量最少，均为1件。互联网技术相关的展览专利的研发创新主要集中于展览活动活跃、互联网产业布局广泛和深入的东部地区。

4. 互联网展览专利技术分类与流程分布特征分析

(1)互联网技术相关的展览专利技术分类分布。根据《国际专利分类表(2019版)》，互联网技术相关的展览专利技术所属部类包括A部"人类生活必需"(2%)、B部"作业；运输"(1%)、E部"固定建筑物"(3%)、G部"物理"(76%)和H部"电学"(18%)五个部类(见图4-10)。从专利的分类号来看，互联网技术相关的展览专利技术主要涉及14个大类和27个小类(见表4-10)。其中，互联网技术相关的展览专利技术涉及最多的5个小类分别是G06F(电数字数据处理)、G06Q(专门适用于行政、商业、金融、管理、监督或预测目的的数据处理系统或方法；其他类目不包含的专门适用于行政、商业、金融、管理、监督或预测目的的处理系统或方法)、H04L(数字信息的传输，如电报通信)、G09F(显示；广告；标记；标签或铭牌；印鉴)、G06K(数据识别；数据表示；记录载体；记录载体的处理)。

(2)互联网技术相关的展览专利技术在展览流程中的分布。结合展览的流程，具体分析互联网技术相关的展览专利在展前、展中、展后的技术

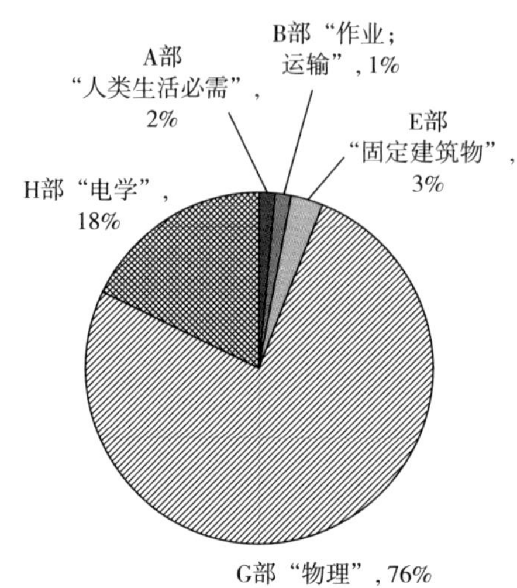

图 4-10　2001~2019 年我国互联网技术展览发明、实用新型专利的技术分布(部类)

表 4-10　2001~2019 年我国互联网技术展览发明、实用新型专利的技术分布(大小类)

大类序号	大类	内容	数量	小类序号	小类	内容	数量
1	A47	家具；家庭用的物品或设备	8	1	A47F	商店、仓库、酒店、饭店等场所用的特种家具、配件或附件；付款柜台	8
2	B25	手动工具；轻便机动工具；手动器械的手柄；车间设备；机械手	2	2	B25J	机械手；装有操纵装置的容器	2
3	E05	锁；钥匙；门窗零件；保险箱	4	3	E05B	锁；其附件	4

续表

大类序号	大类	内容	数量	小类序号	小类	内容	数量
4	G01	测量；测试	8	4	G01C	测量距离、水准或者方位；勘测；导航；陀螺仪；摄影测量学或视频测量学	4
				5	G01D	非专用于特定变量的测量；不包含在其他单独小类中的测量两个或多个变量的装置；计费设备；非专用于特定变量的传输或转换装置；未列入其他类目的测量或测试	1
				6	G01R	测量电变量；测量磁变量	2
				7	G01S	无线电定向；无线电导航；采用无线电波测距或测速；采用无线电波的反射或再辐射的定位或存在检测；采用其他波的类似装置	1
5	G02	光学	2	8	G02B	光学元件、系统或仪器	2
6	G05	控制；调节	10	9	G05B	一般的控制或调节系统；这种系统的功能单元；用于这种系统或单元的监视或测试装置	10
7	G06	计算；推算；计数	114	10	G06F	电数字数据处理	40
				11	G06K	数据识别；数据表示；记录载体；记录载体的处理	25
				12	G06Q	专门适用于行政、商业、金融、管理、监督或预测目的的数据处理系统或方法；其他类目不包含的专门适用于行政、商业、金融、管理、监督或预测目的的处理系统或方法	33
				13	G06T	一般的图像数据处理或产生	16

续表

大类序号	大类	内容	数量	小类序号	小类	内容	数量
8	G07	核算装置	17	14	G07B	售票设备；车费计；用于在一个或多个管理点收车费、通行费或入场费的装置或设备；签发设备	4
				15	G07C	时间登记器或出勤登记器；登记或指示机器的运行；产生随机数；投票或彩票设备；未列入其他类目的核算装置、系统或设备	13
9	G08	信号装置	9	16	G08B	信号装置或呼叫装置；指令发信装置；报警装置	5
				17	G08C	测量值、控制信号或类似信号的传输系统	4
10	G09	教育；密码术；显示；广告；印鉴	30	18	G09B	教育或演示用具；用于教学或与盲人、聋人或哑人通信的用具；模型；天象仪；地球仪；地图；图表	1
				19	G09F	显示；广告；标记；标签或铭牌；印鉴	29
11	G11	信息存储	2	20	G11B	基于记录载体和换能器之间的相对运动而实现的信息存储	2
12	H02	发电、变电或配电	5	21	H02M	用于交流和交流之间、交流和直流之间或直流和直流之间的转换以及用于与电源或类似的供电系统一起使用的设备；直流或交流输入功率至浪涌输出功率的转换，以及它们的控制或调节	5
13	H04	电通信技术	73	22	H04B	传输	5
				23	H04L	数字信息的传输，如电报通信	32
				24	H04M	电话通信	2
				25	H04N	图像通信，如电视	19
				26	H04W	无线通信网络	15
14	H05	其他类目不包含的电技术	1	27	H05B	电热；其他类目不包含的电照明	1

资料来源：作者整理。

分布特征。互联网技术相关的展览专利主要应用于展中环节（126 件），其次是展前环节（45 件），最后是展后环节（14 件）。部分专利在展前、展中、展后有组合应用，在展前、展中、展后均有应用的有 11 件，展前和展中应用的有 43 件，展前和展后应用的有 11 件，展中和展后应用的有 14 件。从专利的分类号小类（分类号前四位）来看，虽然应用于展前、展中、展后不同阶段的互联网技术相关的展览专利所属的部类比较单一，均为 G 部“物理”或 H 部“电学”，但是在具体的应用技术上各有侧重。

1）应用于展前的专利技术分布特征。如图 4-11 所示，应用于展前的互联网相关专利技术主要为 H04L（数字信息的传输，如电报通信），如基于互联网技术的数字展会系统、网络虚拟会展信息采集、交互方法及其系统；G06Q（专门适用于行政、商业、金融、管理、监督或预测目的的数据处理系统或方法；其他类目不包含的专门适用于行政、商业、金融、管理、监督或预测目的的处理系统或方法），如智能会展登录系统、虚拟展馆高效构建系统；G06F（电数字数据处理），如会展行业信息检索服务器、客户端、系统和方法，以及展会客户信息收集系统；G09F（显示；广告；标记；标签或铭牌；印鉴），如会展用多媒体设备、3D 虚拟艺术馆的 VR 模拟设备用演示展览装置；G05B（一般的控制或调节系统；这种系统的功能单元；用于这种系统或单元的监视或测试装置），如会展联网展位箱、会展场馆运营管理集成化信息技术系统控制方法。

2）应用于展中的专利技术分布特征。如图 4-12 所示，应用于展中的互联网相关专利技术主要为 G06F（电数字数据处理），如会展行业信息检索服务器、客户端、系统和方法，以及展会客户信息收集系统；H04L（数字信息的传输，如电报通信），如展馆信息感知环境构建终端、基于互联网技术的数字展会系统；G09F（显示；广告；标记；标签或铭牌；印鉴），如应用于展览场所的多媒体动态地面导览系统、会展信息收集系统；G06K（数据识别；数据表示；记录载体；记录载体的处理），如基于 RFID 识别的智能导览装置、展览介绍系统。

3）应用于展后的专利技术分布特征。如图 4-13 所示，应用于展后的

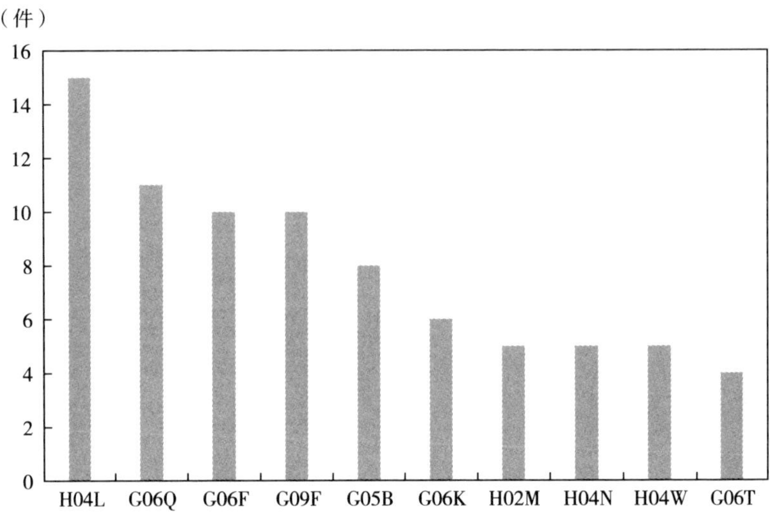

图 4-11　2001~2019 年应用于展前互联网技术展览发明、实用新型专利出现次数前 10 位的技术分布（小类）

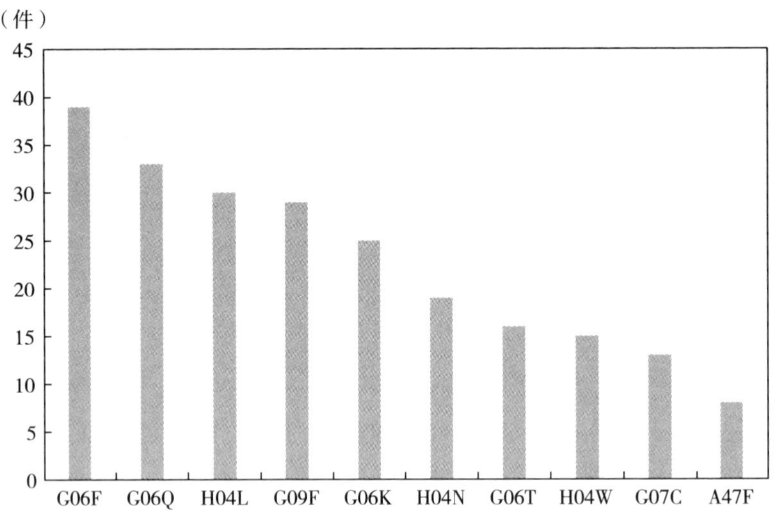

图 4-12　2001~2019 年应用于展中的互联网技术展览发明、实用新型专利出现次数前 10 位的技术分布（小类）

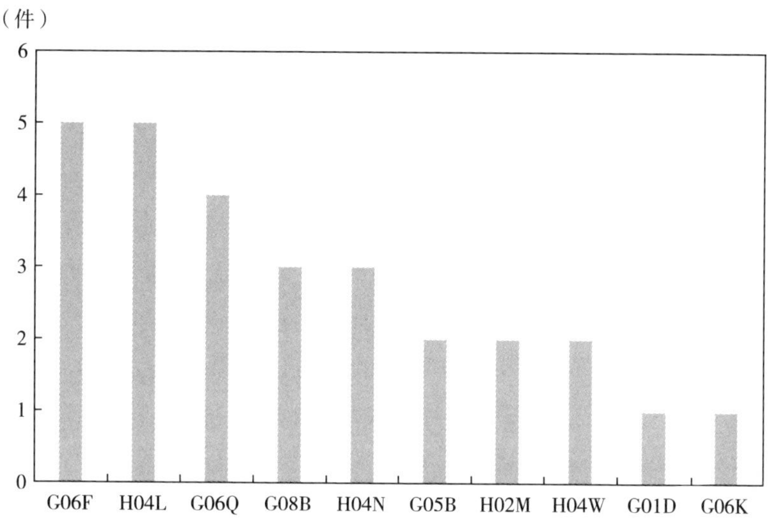

图 4-13 2001~2019 年应用于展后的互联网技术展览发明、实用新型专利出现次数前 10 位的技术分布（小类）

互联网相关专利技术主要为 G06F（电数字数据处理），如多展会展览信息服务平台、移动电子显示虚拟展览间系统以及构建方法；H04L（数字信息的传输，如电报通信），如基于互联网技术的数字展会系统，网络虚拟会展信息采集、交互方法及其系统；G06Q（专门适用于行政、商业、金融、管理、监督或预测目的的数据处理系统或方法；其他类目不包含的专门适用于行政、商业、金融、管理、监督或预测目的的处理系统或方法），如面向多对象的会展互动平台、智能会展系统；G08B（信号装置或呼叫装置；指令发信装置；报警装置），如展览安全报警系统、展览安全监控系统；H04N（图像通信，如电视），如新媒体艺术展览用实时拍照数据调取显示装置、三维直播流展示系统和方法。

从展前、展中、展后应用的互联网技术相关的专利来看，这些专利主要是服务于线下展会的辅助工具，虽然有部分是像智能信息系统、3D 虚拟场景技术、AR 增强现实技术、VR 虚拟现实技术、混合现实技术这类先进技术的专利，但是目前得到授权的很少，在目前线上展会的实践活动中起到的技术支持作用也十分有限。目前，互联网新兴技术相关的展览专利技术研发并不够成熟，还具有巨大的开发潜力，未来互联网技术相关的展览专利应当成为各类会展企业研究和开发的重要方向。

5. 互联网相关的展览专利技术生命周期分析

为了解展览专利的技术生命周期处于何种发展阶段、具有何种特征，本研究采用互联网相关展览专利的申请量来评估技术生命周期，并运用专利指标法和 S 曲线法进行分析。选择专利申请量作为分析数据，是由于专利申请量比专利授权量更能真实反映创新水平。专利授权量存在未及时缴纳年费而被取消却未及时披露的问题，数据上难以准确统计出专利每年的变化，而专利申请量的数据相对更为稳定，公开披露的专利申请数据比专利授权数据更为及时(周煊等，2012)。

(1)基于技术指标法的互联网相关的展览专利技术生命周期分析。技术指标法分析是通过计算技术生长率(v)、技术成熟系数(α)、技术衰老系数(β)和新技术特征系数(N)四个指标值，测算专利技术生命周期。本研究通过对检索到的展览专利数据进行统计，得到展览技术的发明专利申请量(a)、近 5 年展览技术发明专利的申请量总和(A)、展览技术领域当年实用新型申请量(b)、展览技术领域当年外观设计申请量(c)，并进一步计算出上述四个技术指标值(见表 4-11)，同时绘制出各指标的变化趋势折线图(见图 4-14)。

根据图 4-14 可以发现：①技术生长率（v)整体呈波动变化状态。2005~2012 年技术生长率波动较大，增速缓慢，表明此阶段互联网相关的展览技术处于导入期；2012~2016 年技术生长率持续增长且速度较快，表明此阶段进入成长期；2016~2019 年技术生长率略有上升后下降，表明突破性互联网相关的展览技术并未真正出现。②技术成熟系数（α)整体上

表 4-11　四个技术指标公式以及计算值

年份	2001	2002	2003	2004	2005	2006	2007	2008	2009	2010	2011	2012	2013	2014	2015	2016	2017	2018	2019
展览技术的发明专利申请量(a)	1	0	0	0	1	0	1	3	1	4	2	0	1	3	4	20	16	26	5
近5年展览技术发明专利的申请量总和(A)	0	0	0	0	2	1	2	5	6	9	11	10	8	10	10	28	44	69	71
技术生长率计算($v=a/A$)	0	0	0	0	0. 50	0. 00	0. 50	0. 60	0. 17	0. 44	0. 18	0. 00	0. 13	0. 30	0. 40	0. 71	0. 36	0. 38	0. 07
展览技术领域当年实用新型申请量(b)	0	0	0	1	1	0	0	0	1	1	3	2	3	3	9	11	2	3	2
技术成熟系数[$\alpha=a/(a+b)$]	1. 00	0	0	0. 00	0. 50	0	1. 00	1. 00	0. 50	0. 80	0. 40	0. 00	0. 25	0. 50	0. 31	0. 65	0. 89	0. 90	0. 71
展览技术领域当年外观申请量（c）	0	0	0	0	0	0	0	0	0	0	0	0	0	0	0	0	0	0	0
技术衰老系数[$\beta=(a+b)/(a+b+c)$]	0. 50	0	0	1. 00	0. 67	0	0. 50	0. 50	0. 67	0. 56	0. 71	1. 00	0. 80	0. 67	0. 76	0. 61	0. 53	0. 53	0. 58
新技术特征系数($N=v+\alpha$)	1. 00	0	0	0	1. 00	0	1. 50	1. 60	0. 67	1. 24	0. 58	0. 00	0. 38	0. 80	0. 71	1. 36	1. 25	1. 27	0. 89

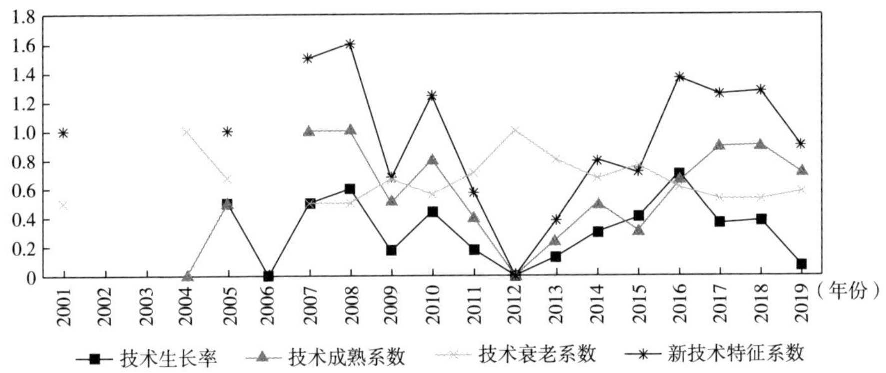

图 4-14　2001~2019 年我国互联网技术相关的展览专利技术指标的变化趋势

呈现出四个不同的阶段特征。2007~2010 年技术成熟系数呈振荡特点，表明互联网相关的展览技术正处于导入期；2010~2012 年技术成熟系数呈递减趋势，表明在 2 年间技术有成熟趋势；但是 2012 年之后，2012~2018 年技术成熟系数仍有递增趋势，表明 2012 年该技术尚未真正进入成熟期，突破性技术开始逐渐出现，但关键性技术还未出现，互联网相关的展览技术仍处于成长期；2018~2019 年技术成熟系数呈下降趋势。③技术衰老系数(β)在 2007 年未见明显连续变化特征，2007 年以后略微波动，但是整体呈递增趋势，所以互联网相关的展览技术尚未进入衰老期。④新技术特征系数(N)2007~2012 年变化波动较大，2012~2018 年整体上呈上升趋势，表明技术仍处于成长期，但 2018~2019 年新技术特征系数相较于前两年呈明显的下降趋势，代表互联网相关的展览技术有趋于成熟的表现。

(2)基于 S 曲线法的互联网相关的展览专利技术生命周期分析。为更直观判断当前我国展览专利技术发展处于技术生命周期的何种阶段，本研究将每年的互联网相关的展览专利累积专利申请量输入 Loglet Lab4(在线版)，导出的 S 曲线如图 4-15 所示，Loglet Lab4 自动计算出 t_{10} 为 2012、t_{50} 为 2018、t_{90} 为 2023、t_{99} 为 2029。一般认为，t_{10} 之前为导入期，t_{10}~t_{50} 为成长期，t_{50}~t_{90} 为成熟期，t_{90} 之后为衰退期，即从图 4-15 及关键点的值可以看出，互联网相关的展览专利技术在 2012 年以前处在

导入期，2012~2018 年处于成长期，2018 年以后互联网相关的展览专利进入成熟期，但是成熟期十分短暂，仅有 5 年，之后便会进入衰退期。

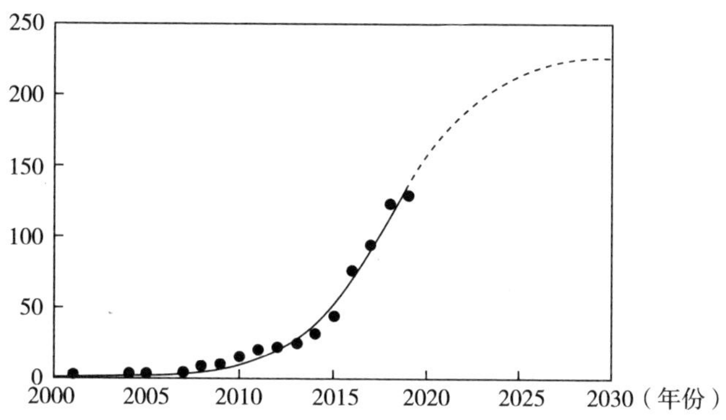

图 4-15　互联网相关展览专利技术的 S 曲线

结合专利技术指标法与 S 曲线法的分析结果可以发现，互联网技术应用于展览业虽然起步晚但是发展速度快。目前来看，已有的互联网相关的展览专利技术已经趋于成熟。但目前已申请的互联网相关的展览技术并不是极具发展潜力的技术，更具发展潜力的技术应是更能支持展览会核心功能的互联网新兴的信息技术、数字化技术，没有这些技术的出现，互联网相关的展览专利技术经过短暂的成熟期便会衰落。现如今互联网技术的更新迭代速度在不断加快，如果现有的技术不进行升级迭代，很快就会因无法有效应对和满足需求而被淘汰，互联网相关的展览专利技术也是如此。

（五）互联网技术相关展览专利的应用与作用

在互联网驱动下进行展览业商业模式创新，需要互联网与展览业在技术、运营、业务、价值四个方面进行融合，但这不是将网络技术与展览资源的简单相加，而是要借互联网技术实现展览服务智能化。基于互联网的展览业商业模式创新将重新定义组展商、参展商、观众等利益相关者，在价值主张（目标市场、平台建设等）、关键活动/核心资源、价值网络（参展商/专业观众等关系网）、盈利模式四个方面实现创新（刘林艳，2018；刘林艳、王亦磊，2020）。接下来基于以上创新路径和要素，分析互联网技术相关展览专利在互联网展览业商业模式中的应用和作用。

1. 互联网技术相关展览专利的应用

通过对每项专利摘要中专利的主要用途进行检索与归纳，2001～2019 年互联网技术相关的 130 件展览专利中，用于线下展览的专利共有 114 件（约占 87.69%），用于线上展览的专利共有 16 件（约占 12.31%）。其中，辅助线下展览的专利主要用于展示演示（33 件）、观众服务（25 件）、场馆管理（24 件）、信息采集（16 件）、安全保障（16 件）五类活动（见图 4-16）。

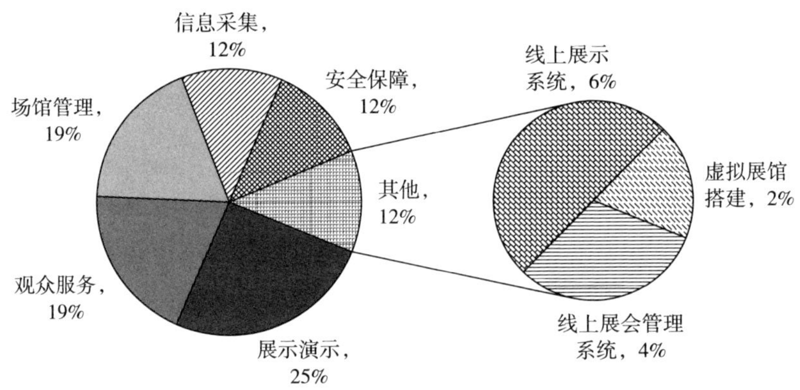

图 4-16　2001～2019 年互联网相关展览专利技术的应用①

辅助各类活动专利的具体用途包括：

（1）应用于展示演示专利的用途：基于三维、AR（增强现实）、VR（虚拟现实）、多媒体、流媒体等技术手段的展示设备，以及读写装置、灯光和显示控制装置等辅助展示的基础设备装置；

① 小数没有保留所以核计为 99%。

(2)应用于观众服务专利的用途：自助查询一体机(查询展商信息、智能路线导览等)、自助签到设备、服务机器人、观众服务客户端等；

(3)应用于场馆管理专利的用途：客流监测、灯光等远程调控、展位定位和管理等；

(4)应用于信息采集专利的用途：采集参展商和展位信息、观众现场参观偏好信息，展览行业信息检索等；

(5)应用于安全保障专利的用途：人员和货物的识别、门禁管理、实时监控系统、安全报警系统等。

应用于线上展览的专利主要包括线上展会管理系统、线上展示系统和虚拟展馆搭建。线上展会管理系统将实体展会数字化，是包括线上展示、营销、观展、参展商与观众沟通等全方位服务，以及利用云服务器实现对组展商、参展商、观众及其他服务商的管理；线上展示系统服务于线上展会展示产品，利用视频、三维模型等进行网络产品展示。

通过了解互联网技术相关展览专利的应用情况可以发现，目前互联网技术相关展览专利技术主要是作为服务于线下展会的辅助工具，少有能够支持线上展览会举办的核心技术，也缺乏能够充分支持线上线下模式的展览会的关键技术。

2. 互联网技术相关展览专利的作用

(1)技术融合服务线下展会，促进展览服务智能化。在互联网技术相关的展览专利中，近九成专利技术从展商展示、场馆运营、观众服务方面为线下展会提供服务保障，实现展示数字化、运营智能化、服务智慧化。在展商展示方面，三维成像、AR(增强现实)、VR(虚拟现实)等技术在展品展示的专利中得以应用，这类专利技术将展品从单一的文字、二维的图片放置于数字化虚拟场景中，使观众能够从视觉、听觉、触觉多角度、全方位地体验展品，部分技术支持观众如同身临其境一般与场景中的物体进行互动，体验展品时更加具有沉浸感。在场馆运营方面，场馆基于移动网络、云数据库等技术，对展会现场实时监控，一方面，可以了解展会现场各展位客流情况和观众路线偏好；另一方面，保障现场秩序井然和人员安全，智能化管理场馆运营。在观众服务方面，人工智能、移动互联网技术可以为观众提供智慧导览服务，观众在自助查询平台和移动客户端软件上，即可根据自己的观展需求获取展商电子资料和推荐品牌及线路，提高了观众的观展效率，也提升了展会现场的服务水平。

(2)挖掘展会数据价值，构建展会价值网络。数据是互联网时代展览业商业模式创新的核心资源，用于信息采集的互联网技术相关展览专利通过对组展商、参展商、观众的有效信息采集，可以为展会数据价值的挖掘和价值网络的构建提供数据支持。构建价值网络需要组展商、参展商和观众共同创造价值，其中客户需求是价值网络的中心。对于组展商而言，需要关注参展商的参展需求和观众的观展需求，组展商依托互联网技术管理客户资料，精准匹配目标客户，对参展商、观众进行定向邀请，大大提升招展策展效率和水平，展会现场信息数据的采集则为展后的评估提供了数据支撑，也是未来组展的重要数据参考资料。对于参展商而言，其参展产品的选择和参展服务的配置需要围绕观众的观展需求偏好展开，所以借助信息采集专利技术，参展商可以对展览行业信息进行检索，对比分析不同展会的参展效果、成交信息、观众和其他展商质量等信息，从而选择实力强、高水平的展会参展，同时可以事先了解观众参展偏好和市场需求，挑选符合市场需求的参展产品，从而提升自身竞争力。展后组展商和参展商通过获取观众的评价与反馈，可以进一步完善观众信息数据库，对观众需求进行后续关注与服务，从而增强客户黏性，完善价值网络的构建。

(3)培育线上展会技术，赋能线上线下“双线”展会。目前互联网技术相关的展览专利中，能够为线上展会提供技术支持的专利技术屈指可数。但在有限的专利中，已经可以看到功能较为全面的线上展会技术。这些技术基于互联网对组展商、参展商、服务商、观展用户进行分模块管理，能够提供一种打破地域、时间、距离、空间和边际成本的展示平台与生态化的线上服务体系，实现组展商、参展商和观众通过线上展会云平台参与展会推广宣传、参展、观展、订单处理、线上互动等功能。未来无论是应对

互联网技术下的展览变革，还是应对突发事件影响下急剧增长的线上展会需求，展览的商业形态将发生重大变化，线上展览或许将不仅是线下展览的补充，而且会发展成一种场景重塑和价值再造的新型商业模式（林舜杰，2020），互联网相关的展览专利技术将为新型展览业商业模式提供关键技术支持，更好地赋能线上线下“双线”展会。

（六）研究结论与启示

1. 研究结论

（1）展览专利中互联网技术应用发展迅速，但总体发展质量不高。互联网技术相关的展览专利申请量在2015年后迅速增长，但其总量仅占展览专利整体总量的7.80%，展览技术创新上仍缺乏互联网技术相关的展览技术。与展览专利总体73%的有效率相比，互联网技术相关的展览专利授权有效率较低，仅为40%。互联网技术相关的展览专利技术创新和研发投入的主体主要为公司，缺少与院校的合作成果。除此之外，互联网技术相关的展览专利地区分布不均，专利申请来源集中在长三角、珠三角、京津等互联网技术发展程度高的地区。

（2）目前已有的互联网相关的展览专利技术已经趋于成熟，但缺乏突破性核心技术。从展览专利技术的技术生命周期来看，互联网技术相关的展览专利技术在2018年后已经进入技术生命周期的成熟阶段，但是成熟期仅有5年，之后便会进入衰退期。虽然目前已有的互联网相关的展览专利技术已经趋于成熟，但需要注意的是，这些技术主要集中于数字数据处理技术、数字信息传输技术、图像通信技术等领域，大多用于辅助线下展览的展中环节，在线上展会的实践活动中起到的技术支持作用十分有限。能够支持举办线上展览会的核心技术较为缺乏，能够充分支持线上线下模式的展览会的关键技术也寥寥无几。因此，未来互联网技术相关的展览专利技术应该向能够支持线上展览会和线上线下融合展览会的关键技术发展。

本书考察了互联网技术与展览产业融合的具体方式以及程度，对互联网技术相关的展览专利进行编码和分析，对展览专利数量、专利类型、专利法律状态、专利申请主体等信息进行综合分析，并从技术生命周期视角，运用专利指标法和S曲线法对互联网相关的展览专利技术生命周期进行分析，以期更为全面地测度技术创新状态，把握技术创新发展趋势。此外，本书拓展了创新与专利研究的应用领域。目前，已有基于专利信息的相关研究在高新技术领域较为丰富，服务业特别是旅游大类的行业运用专利分析创新的研究较少，此次尝试借鉴专利的数据及其与创新研究的分析方法，结合技术生命周期的理论，分析了互联网技术相关展览专利的应用，丰富了展览创新研究，弥补了目前研究中对展览技术缺乏整体上认识与预测的不足，系统地考察了与互联网相关的展览业技术创新的程度和发展态势。

2. 实践启示

基于对我国目前互联网技术相关展览专利的应用与作用的研究结果，本研究从以下三个方面提出启示和建议：

(1)形成“政—产—学—研”协同推进的展览技术创新机制。未来展览业将进入“展览2.0”(Exhibition 2.0)阶段，即在新兴技术、技术应用和基于技术的系统推动下进行创新变革，以先进的技术取代那些容易出错、复杂、缓慢、昂贵的工作(AMR International，2018)。伴随着展览2.0变革，展览技术创新也需要在新经济时代采用创新2.0模式，在创新2.0系统中，需要促进多元创新主体的协同参与(李小妹，2015)。在展览创新2.0阶段，要推进“政—产—学—研”的创新发展机制：政府要充分发挥协调指挥作用，激发展览企业技术创新活力，加大对院校科研的支持力度，促进创新成果的产出；展览企业增加技术创新参与度，将技术创新成果及时市场化，应用于展览业发展需求；高校要通过技术理论探索研究，以及培养技术型、研究型展览人才，为展览技术创新提供智力支持；科研院所通过研发创新性应用技术成果，以及加强与高校、企业合作交流，构建产学研供

需平台，推动展览技术创新成果与展览企业发展诉求有效对接，提升展览技术创新成果转化率。

（2）我国展览创新主体在展览业的模式创新和变革上需要加强自主创新能力，提高与互联网技术的融合程度。企业是展览技术创新的主体，也是展览创新的推动力量。创新是企业以更好的解决方案满足客户新的需求、隐含性需求或现有需求（贾岷江等，2019）。面对突发事件和不可控因素，企业更要在技术创新和融合上有前瞻性眼光进行战略布局。在未来，线上展览模式、线上线下融合的展览模式不断深入发展，展览业必将迎来一次新的变革，布局线上、线上线下结合的商贸平台势必需要人才、资金、技术三个方面的密集投入，这对于展览企业而言既是机遇更是挑战。在当下以及未来的发展中企业更要明确自身在整个产业链中的定位，既不能盲目投入线上展会，也不能坐以待毙，应该更加审慎地制定未来发展战略。因此，随着互联网时代背景下线上展会、线上线下相融合展会需求的增大，互联网技术相关的展览技术、设备应该成为未来展览技术研发创新的一个重要方面。

（3）组展商、参展商在学习利用外部展览技术创新成果的同时，也需要积极提升自身技术创新能力，发掘自身展览创新优势。

实现展览模式创新发展，一方面，需要激励展览行业内部进行技术创新；另一方面，需要重视技术创新在展览主体间的扩散。根据技术创新扩散理论，一项技术创新成果要经历发明创造、应用推广、普遍采用、持续改进、落后淘汰几个过程（徐国军、刘澄，2019）。从展览专利技术整体的技术生命周期来看，互联网技术相关的展览专利技术在2018年已经进入了成熟期，2023年后将进入衰退期。这或许与互联网技术整体更迭速度快有关，但在展览业快速发展和行业竞争激烈的环境中，组展商和参展商同样需要提升自身研发创新水平，围绕核心技术，发展外围技术创新成果，以建立和巩固自身在展览行业的竞争优势。

本书仍然存在一些不足之处，有待进一步的研究和关注。首先，运用展览专利信息来考察展览技术创新存在的不足。一方面，专利信息数据存在不足的问题，专利信息不能覆盖所有的技术创新成果，并不是所有申请主体都愿意并且能够申请和维护专利，一些公司出于技术保密考虑不愿意申请专利，还有一些公司并没有能力申请并维护专利，除此之外，专利信息数据也难以体现服务、文化及商业模式的创新，因而专利这一指标并不能完全考察到行业内所有的技术创新。另一方面，专利信息存在时间滞后的问题，受到我国专利制度的影响，专利行政部门收到发明专利申请后，经初步审查认为符合专利法要求的，自申请日起满十八个月即行公布。因此，收集到的专利信息并不能准确反映当下技术发展的状态。其次，对于互联网技术相关的展览专利样本的确定是通过人工判断的，所以存在一定的误差，并且互联网技术相关的展览专利数量小，运用 S 曲线法估计和预测其发展阶段过程中可能存在误差，同时预测结果的代表性也有限，未来可以使用文本挖掘和文本分析的方式对互联网技术相关的展览专利进行更进一步的分析。最后，运用专利指标法和 S 曲线法相结合的方法判断和预测展览专利的技术生命周期阶段也存在一定的局限性，还需要结合其他方法来相互印证。

2020 年之后，线上展会需求大大增加，不仅是展览公司还有各类互联网企业都已经或开始布局线上展会产品。在 2020 年之前，一些会展公司如 31 会议、米奥兰特、博华展览等就已布局了线上展会产品，并且在技术的研发和应用上也已经相对成熟。线上展览虽然有其体验上的缺陷，如无法面对面接触交流而无法建立信任关系、无法看到货物实体不能确定其质量、信息安全难以保证等。但就展览的贸易功能和营销功能来看，随着电子商务技术的不断发展和完善，线上展览很可能在贸易功能上对线下展览产生替代性。未来展览线上线下混合模式将不仅是线上配合线下，还有可能是线下配合线上，企业选择哪种模式要考虑成本、收益、体验、安全等多方面综合因素。在未来研究中，线上展览模式、线上线下混合展览模式都将会产生新的研究点，因为未来展览业会在展览形式、内容创造、参展方式、参展体验、信息获取与传递、营销场景、服务场景、服务模式、商业模式、社交场景等诸多方面发生改变，无论是产业界还是学术界，都需要抓住机遇迎接挑战。

第五章

互联网与展览业融合的效果测度研究

危机无疑加速了展览业的数字化进程(宗祖盼、王惠冰，2021)，展览业企业无论是被动还是危机前已经开始主动探索，近几年都在持续地摸索与互联网的融合之道。然而，2020 年 9 月通过对展览业企业的调研发现，当要求企业家对于展览业与互联网融合程度进行 1~10 分(1 分代表融合程度较低，10 分代表融合程度很高)打分时，结果相差较大(16%的企业家选择 1 分，16%的企业家选择 2 分，33%的企业家选择 3 分，还有 16%的企业家选择 4 分，16%的企业家选择 6 分)，在被调研的企业中，传统的展览业企业还比较乐观，反而是有着互联网基因的展览后起之秀给分普遍较低。我们很好奇，目前展览业与互联网行业的融合程度究竟怎样？

我国《“十四五”规划和2035 远景目标纲要①》指出“要建设好数字化的中国,就要全面加快我国的数字化发展”。近年来，国家积极扶持展览业的数字化转型，《关于创新展会服务模式培育展览业发展新动能的有关工作通过》及《关于加快发展外贸新业态新模式的意见》等鼓励企业利用全息投影、人工智能、3D 打印等新工艺，以促进达成简约、低碳、绿色的目标。此外，文件还提出要推进会展数字化转型，建设数字展厅，要运用好“云

① 中华人民共和国国民经济和社会发展第十四个五年规划和 2035 年远景目标纲要 [EB/OL]. [2021-07-15]. http://zhs.mofcom.gov.cn/article/zt_shisiwu/subjectcc/202107/20210703175933.shtml.

对接”与“云洽谈”等手段举办“云展”。宽带网络、5G网络、光纤等建设的推进，促进了展览会与互联网的进一步融合。《第48次中国互联网络发展状况统计报告》显示，我国目前的光缆线路5532万千米、5G基站96.1万个、互联网宽带用户9.82亿户。可见，融合发展中的“人+物+应用”多维融合体系的基石已然存在，并可以保障展会智慧化的有序建设，不断推动开发更深层次的展会模式。

展览会一直被称为“经济发展的风向标”，互联网与展览会的融合是展览业转型升级的重要助推器。因此，如何巧妙且充分地把握住“互联网+”时代下的融合与发展特征，归纳出两者跨界合作的机理，为展览业在互联网道路上的发展指明方向，是展览会面临的重要课题，也是本次探究的目的所在，具体表现为：分析展览会与互联网的融合发展机理；探索适用于展览会与互联网的真实、有效且具有可操作性的测度指标，以评估两个产业的融合效果；运用耦合协调度模型，根据展会数据分析展会融合的发展、现状与特征；提出针对性的融合发展对策，以促进展览业的转型升级，增强其国际竞争力。

(一)文献综述

1. 产业融合理论研究

如今世界新技术的革命与发展迫使国家间趋向于全球化，促使各产业间出现相互融合与渗透的现象。届时，跨行业的兼并与重组不断涌现，产业间的界限日趋模糊，产业融合的理论应运而生。胡金星(2007)阐述道，在技术变革和模块化分工背景下，产业融合理论以协同效应与共生原理为理念，克服了消费需求、企业获利因素和制度因素等阻碍，打破了系统中各要素间的非线性关系和原有系统的线性作用。Gerum等(2004)在其研究中将产业融合按照产业的性质，划分成技术的互相补充类、技术的互相替代类、产品的互相补充类和产品的互相替代类。我国学者王丹(2008)也认为，产业融合有替

代类、改造类和互相补充类。而王赟(2008)将产业融合仅划分成两类，即替代类和互相补充类。根据王赟的说法，本书中互联网与展览会的融合就属于互补型，即高精尖产业向传统产业的渗透。还有一些专家根据产业融合技术的新奇度来进行划分，即横向型、应用型和潜在型(Hacklin，2005)。

那么，产业融合从何而来？Yoffie(1996)认为，战略联盟、技术与管理创新和政策管制是推动融合的来源与动力。而王赟(2008)在其文章中则表示，推动产业融合的有四大因素，即市场的需求、管制的放松、技术的创新以及竞合的压力。此外，郑明高(2010)认为，企业内部相关因素、放松的市场管制、逐渐扩大的市场需求、跨国公司的发展、技术创新和产业发展的内在规律，都是融合的重要动因。肖芃(2012)在研究中指出，产业融合是不同产业要素在竞争和协作的基础上产生的自然进程。肖芃还指出，产业融合的内在机制源于协同和竞争，其中竞争包括技术、模块、标准竞争；协同则包括产业集群、制度、产业生态系统协同。毕明亮等(2017)也在其研究中阐明，产业融合是由创新驱动、企业竞合的压力、多变的国内消费结构、关联产业交易成本的变化、政府管制的放松、经济发展的信息化牵制而生。其还认为技术、需求、社会分工、价值链高度、企业协同竞争、政府政策导向是激发产业融合的重要动因。

综上，前人研究在产业融合理论方面取得了重要进展，大部分学者认为产业融合是竞争等因素激励下自然得出的结果。其中，促使产业融合产生的因素不限于技术创新、竞争合作、放松管制等。基本上自 2010 年之后，与产业融合相关的研究很少落实在理论研究中，研究者将视角放在了特定的行业，例如，其一，三网融合。郑亮(2013)从三网融合的相关政策出发，通过实地调研，对三网融合发展过程中产生的问题进行了分析，并给出一系列能够加快我国三网融合的对策建议。贾星宇(2014)通过实地调研、文献查阅和比较研究，探究了大连市三网融合面临的系列问题，并从政府、电信运营商和天途三个方面提出解决方案，以助力将大连打造成为智慧城市。其二，文旅融合。田永兰(2021)进行了有关京津冀文旅融合的研究，探究了融合的驱动力，并运用耦合协调度进行产业的融合测度。其认为2008~2018年，京津冀文旅融合发展水平呈上升态势，耦合协调度稳定上升。易慧(2021)在有关文旅融合的效果研究中，将绩效、市场、资源指标作为文化产业与旅游产业的一级指标，同时又各下设7个二级指标，最后得出结论：湖南省文旅产业融合发展趋势良好。其三，两业融合。两业融合是指服务业与制造业之间的有机融合。万书瑶(2022)从规模、结构和效益三个视角建立融合指标体系，运用耦合协调度进行实证分析，得出我国两产业的融合处于勉强协调状态，且呈现出“东高西低”趋势。

2. 互联网与展览融合相关研究

(1)互联网指标相关研究。网络的诞生，不仅使人类生活、生产、交往和生存方式发生了变革，还让社会趋向于数据化、信息化。由于近几年信息化程度日益提升，外加基础设施愈加完善、5G诞生、万物智联的提出等，“互联网+”的理念由此产生。光明日报曾发表过一文，提到“互联网+”实质上是传统产业通过互联网的改变与再创造，所呈现出的数据形态与在线形态的产物。随着“互联网+”的应用与发展，越来越多的学者开始研究“互联网+”，互联网与其他产业的融合，已经成为经济和各个行业的发展方式。虽然各行各业都提倡与互联网融合，但互联网融合的理论研究还是局限于少部分行业。

其一，制造业与互联网的融合。王佳(2007)对制造业的信息化进行了思考与探究，选取了计算机联网率、决策信息化状况、信息化总额与固定资产的比值、信息化采集信息覆盖率、每百人中使用计算机的数量、自动化系统应用程度等17个二级指标，衡量企业的信息化程度。龚炳铮(2015)提出，用经营管理的智能化普及率、关键业务智能化的百分比和信息资源的利用水平来衡量智能制造业企业。张开丰(2019)认为，设计、管理、制造、生产、企业五个方面均需要数字化技术的加持，也可以作为评价企业数字化的主体。由此，张三丰通过扎根理论，融汇前人结论和访谈结果，最终确定以客户导向、数据驱动、企业互联、组织创新作为研究的主轴性编码，下设12个选择性编码。

其二，智慧城市的融合。潘杰(2021)研究了生态城市与智慧城市融合的相关内容，其中用智慧投入、智慧支撑(固定宽带家庭普及率、移动互联网用户占比、科学技术占公共支出比重等)、智慧产出来评判城市的智慧化水平。

其三，智慧图书馆的融合。段美珍等(2021)在有关智慧图书馆的研究中，将宽带网络覆盖率、大数据技术应用成熟度、VR 沉浸式服务、个性化服务的精准程度等指标作为研究的基础。

其四，新技术与展会的融合。Ranxuan 等(2008)讨论了运用 RFID 来获取展会数据的重要性，并用展会数据作为促进展会变革的指标与工具。徐博(2021)以展会“云+VR”的模式为视角，研究了会展产业融合的特点，通过实证分析得出融合协调度。该研究采用了云端技术、虚拟技术作为技术类指标，下设 7 个二级指标。Chongwatpol(2015)则在其文章中提到，可以通过 RFID 技术来识别特定目标，读写相应数据，进而对专业观众和参展商进行追踪，形成该展会的数据。

(2)展览会指标相关研究。展览会产业一直是带动经济发展的要素之一，也是反映城市发展状况的晴雨表。国务院会议强调要支持网上办展；中央政治局常委会也提出，要创新展会的服务模式。此外，两会报告中提出，要全面推动“互联网+”的普及，从而促进展览会创新发展等政策。为了抓住互联网的风口，响应国家政策，相关学者也提出开展“互联网+展览会”的融合研究。

Jin 和 Weber(2013)在展览会品牌偏好的研究中，进行展览会的成果与效果的检验时，采用国际展览业协会(VFI)的国际展会评价体系对展会进行了度量。姜超(2016)通过罗列智慧会展的应用层，说明了何为智慧会展；并通过整合资料，将智慧会展划分成各个应用，包括注册登记、展商展品、分类浏览、展位导航、展会信息、智能搜索、展商自助服务系统、业务运营管理系统、线上访客统计分析、客流分析系统、环境控制系统等；此外，还将传感器相关技艺、室内定位和识别技术、人工智能等确定为智慧会展中云计算的核心技术与关键内容。肖晔等(2020)在其会展业融合的研究中，选取了展览规模、展馆规模、展览机构规模、国际影响四个主要方面。唐琥梅、王冬梅(2021)同样站在UFI国际认证的视角认为，展会效益、展会影响力、展会质量、展会规模是四个主要方面。而徐博(2021)则采用产业现状作为展览会的主因子，下设5个副因子，包括线上线下展会的特异性、线上展会的宣传途径、会展业的潜力等。

(二)互联网与展览业融合发展的机理

互联网产业作为走在时代前列、引领各方发展的行业，具有极强的带动性、融合性与技术性。而展览会产业又涵盖食、住、行、游、购、娱六大人类生存生产生活要素，具有极强的包容性、综合性、关联性。由于这些特性的存在，互联网产业可以为展览会产业提供技术支撑、发展载体与物质支持；展览会产业也可以通过其本身特征，帮助互联网产业丰富互联网产品，开拓客源，拓宽新的市场与业态。

两大产业在转型升级、消费升级、技术升级、获取竞争优势、资源供给等诸多因素的协同作用下，呈现出市场融合、技术融合、资源融合、业态融合的多角度交叉融合态势。其中，虽然技术、业态与信息的融合在支撑着互联网与展览会的融合，但是三者本身也存在作用关系，并以此来确保两大产业融合的稳固性。如图5-1所示，业态以市场竞争与外部环境的变化为支点，推进技术融合与信息融合相互作用；技术通过其科技创新渠道带动信息融合与业态融合；而两大产业通过其信息共享的双向供给又可以推动业态融合，三者以此“环线”来支撑彼此，也在促进着彼此间的融合。此外，推动三方融合的四个基点也可以通过相互的协同联动，来稳固补给并源源不断地保障融合的发生与发展。

1. 技术融合

近年来，智慧化展会频出，“线上+线下”融合展会已成为发展趋势。科技创新成为新型展会扩张的内因。如今，物联网、5G、人工智能、VR等

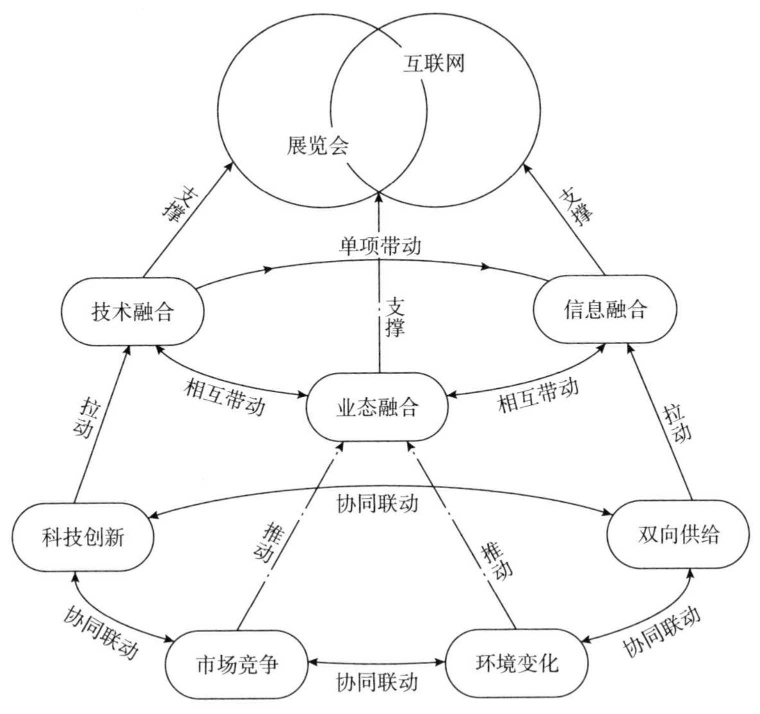

图 5-1 互联网与展览业融合机理

新兴技术在展览会领域被广泛运用，有效地提高了展会的质量、效率。互联网与展览会的融合，使传统建筑内嵌科技感，使传统服务模式得到优化，使展会全面数据化，也使展会运营模式发生重大变革。例如，某些展会小程序以及展会 App 的上线，将传统展会与互联网技术合二为一，既使展会管理技术得到数据化的支持，也使互联网的功能得到展会方面的支撑与补充。可见，二者融合为展览会的创新与互联网的发展提供无限可能。

技术是推动互联网与展览业融合的首要驱动力。在互联网与传统行业渗透融合发展的大背景下，新兴技术的快速发展催生了线上展览、虚拟展览、线上线下融合展会等展览业发展新形态的出现，同时赋能于展览产业链上中下游企业活动、展会前中后期等各环节，有针对性地满足组展商、参展商、参展观众等不同展会群体的利益需求。

组展商是展览会的主办者和核心主体，通过了解市场和行业需求，为参展商和观众提供信息交流和贸易平台，因此，选择合适的参展商、了解参展企业和观众对产品和服务的需求、更好地达成展会效果是其主办展会的主要任务。在传统展会组展方式中，由于缺乏精准高效的技术支持，只能使用电视广告、电话邮件等传统媒体手段进行招展工作，费时费力、成本较高、效率低下且客户精准度不高。随着互联网时代的到来，组展商依托大数据、云计算等新技术管理客户资料，对客户信息进行深度分析，精准匹配目标客户，进行定向邀请，大大提升了招展、策展效率。此外，组展商可以使用技术进行模拟场馆展位设计，提前预测展会效果，并对采购、物流等其他配套服务商进行数据管理，结合数据统计分析，完善展会的策划与组织工作。组展商利用技术支持，可以实现对展会全过程、参展人员全方位的管理和控制。参展商和观众展前在网上提前进行信息注册，展会期间监测到人员行动轨迹、人流密度，这些信息点汇聚成信息流，为组展商展后的评估与总结提供了重要的数据支撑，也是其未来组展的重要数据参考资料。

参展商要在优胜劣汰的展览市场上占有一席之地，需要寻找高水平的展会、高匹配度的观众，才能实现达成交易的目标。借助线上信息资源，参展商可以对行业中不同展会的参展效果、成交信息、观众和其他展商质量等数据进行对比与分析，从而筛选出实力强、高水平的展会进行参展。同时，大数据等信息搜集与分析技术，可以对观众参展历史、参展偏好等数据进行整合和分析，有助于参展商事先了解参展观众群体的市场需求，挑选符合市场需求的参展产品，从而在众多竞争对手中脱颖而出。此外，随着人工智能、虚拟现实等高科技新技术的普及应用，企业可以利用数字模拟与演示、虚拟影像等形式为观众展现产品的优势，丰富展品的展示形式，更好地提升观众体验，促成交易。

2. 业态融合

随着展览会的发展，传统展会效率低下的问题逐渐显现。但是若以竞争的渠道，展览会便可以获取到优势，从而有效驱动展览会产业与互联网产业的业态融合。此外，外部环境的变化，也在促进着新型展会——数字化与智慧化展会的发展。面对融合型展会，科学技术的内化加快了展览会与互联网产业间的要素流动，相关展会企业主动选择数字化技术供应商，而互联网企业也在积极探索展览会市场，新合作、新业态、新模式不断涌现。目前，相当一部分展览会纷纷在传统展览的基础上打造沉浸式展览主题，线上办展的展会形式也层出不穷；直播形式的展会、虚拟展会等也都随着两大产业的融合被催生出来，成为展览会行业内一股新浪潮。所以，有效推动两大产业的横纵两向融合，在如今复杂而多变的社会环境中获得竞争优势，方能斩获市场前景。

互联网进入展览业的初期，也是电子商务在各传统行业扩张的时期。这一时期展览业发展遇到瓶颈，面对逐渐攀升的宣传、招商成本，展览模式单一枯燥，客户信息难以管理，展后工作难以开展等问题，传统展览业务开始趋向电子化和信息化，在原有业务的基础上，利用网络和信息工具，引入客户关系管理系统、财务管理系统等，实现网上发布招展信息、网上产品交易、网上业务洽谈等电子商务活动，以此控制宣传销售成本，提高业务开展效率。当越来越多诸如云计算、大数据等新兴技术进入，展览业与互联网的融合进一步加强，展览业务开始向线上大规模扩展，如数字化展位、广告位销售，多维虚拟展台搭建，数字化展品展示，展商观众实时配对服务，新媒体营销等，但这一融合过程依然是以展览业为主导，以展览业的资源借助互联网的工具，实现展览行业长足发展。

互联网与展览业的深度融合，将不仅仅是以展览业为主，以互联网为辅，而是充分发挥互联网在技术、体制机制上的优势，重塑展览业业态。近年来，阿里巴巴、腾讯、华为、百度、京东等互联网大厂，充分体现了其在科技、电子通信行业的竞争优势，阿里巴巴更是将互联网与零售业的融合发展发挥到了极致。2020 年以前，这类大型互联网公司就已经将发展业务的目光投向了展览业，但并没有引起展览行业的过多重视。新冠疫情使展览活动从停滞到被迫搬到线上，互联网企业的展览业务板块才终于完全激发大家的关注。互联网企业进军展览业，二者更多的不是竞争而是合作关系，互联网公司不仅提供平台研发技术，而且在全渠道销售、全链路营销、全场景服务、全流程对接等方面进行业务深度融合，创造全新智慧展览业态。在这种业务融合的趋势下，会展公司面对互联网业务的融合，出于成本和自身优势考虑，并不一定要选择完全自建互联网业务，在探究清楚互联网业务的根本逻辑后要将其为我所用，与互联网公司达成合作，发挥互联网公司的技术优势，为展览公司赋能。同样，互联网公司发展展览业务也需要与会展公司深入合作，充分发挥会展公司在长期实体经济实践中积累的组展办展的宝贵经验和展会品牌效应。二者借助各自优势发力实现优势资源互补，优化资源配置，为客户提供更加优质的服务。

3. 信息融合

展览会的召开往往意味着数以万计的观众流动，众多的观众是互联网产业把握用户习性的基石。如今大数据盛行，数据的精准度更需要大量用户行为这一载体。同样地，互联网通过融汇行业相关信息，能为展览会提供的不仅是技术支撑，还有业内发展情况、竞争者发展情况、专业观众情况以及详尽的数据分析。杜柯籽等(2021)就曾提出，借助展会数据信息与互联网中的用户画像，便可进行精准的用户分析，推荐符合用户需求的会展信息，从而提升展会双方的体验感。所以，互联网精进的数据信息与展览会庞大的信息资源相辅相成，便可以助推展览会产业与互联网产业融合发展。

系统全天候运维需要主办方实时监测线上系统、现场系统的运行状况，保持系统在使用期间的流畅性、稳定性与安全性。互联网与展会的融合运营，为展会活动的开展提供了便利，为展会信息的收集与分析提高了效率，但信息安全问题也应随之予以重视。以往的传统展会运营工作是阶段性的，但如今互联网模式下的展会运营是全天候的，潜在客户可以在任何时间、任何地点浏览展会站点、展会应用软件、展会公众号等网络平台。因此，无论是线上虚拟展会还是线下实体展会，都需要对注册系统、安保系统、客户管理系统等信息系统进行定期检查、定期维护、实时预防

等运维工作，保障系统运行的可靠与安全。

（三）研究方法与数据来源

1. 指标获取与数据来源

（1）指标获取。探究互联网与展览会融合效果的耦合协调度时，首先，要构建双方的评价体系。其次，要保证所选取指标合理且有效。最后，该指标还应该是互联网行业和展览会行业具有代表性、实用性、可行性、易获得性的评价指标，最好还能反映两个行业的发展特点与现状。因此，为了达成上述要求，笔者查阅大量文献，最终决定以 UFI 视角来评判展览会产业；而互联网产业则采用核心功能应用数量、扩展功能应用数量、增值服务数量来评估，详情见表 5-1。

通过研读陈阳等（2015）的文章，最终采用了专家咨询法确定二级指标及其归类。首先，本次指标的研究小组邀请了展会数字化技术提供公司工作人员、展览会服务人员、会展教育工作者以及会展专业学生代表等共 20 人参加，以“据我所知，这些可以作为衡量展览会以及互联网的指标”为主题，进行了头脑风暴。经过讨论，研究小组提出了 20 条反映互联网与展览会质量的指标。其次，研究小组成员对讨论结果（测度指标）进行分类，将互联网下二级指标再根据前文得出的一级评价指标进行归类。最后，核心功能应用数量下设 6 个指标，扩展功能应用数量下设 4 个指标，增值服务数量下设 6 个指标（见表 5-1）。整体划分过程遵循以下 4 个原则：①客观性，保证指标选取不过多受个人主观因素影响；②科学性，确保指标选取能被公认；③代表性，保证指标能用于衡量互联网产业以及展览会产业的质量；④可行性，选取的指标以及获取指标所需的信息比较容易。

（2）数据来源。本书选取了 4 个智慧化展会作为研究对象。而所需的研究数据，主要来自各展会官网发布的展会报告和展会智慧化技术提供单位发布的案例回顾。

表 5-1　互联网和展览会产业评价指标

产业	评价指标	计量单位	二级指标	数据来源
互联网产业	核心功能应用数量	个	登记注册 搜索功能 供采功能 人员管理 通知提醒 数据统计	姜超(2016) 陈伟豪(2017)
	扩展功能应用数量	个	直播功能 主场服务 商务互动 云签约	陈伟豪(2017)
	增值服务数量	个	智能同传 在线巡展 虚拟会场 VR 现场 AI 机器人 虚拟主持人	陈伟豪(2017) 段美珍等(2021) 徐博(2021) 周振兴(2022)
展览会产业	成交额	元	—	Jin 和 Weber (2013) 肖晔等(2020) 唐琥梅、玉冬梅 (2021)
	展会面积	平方米	—	
	参展商数量	家	—	
	专业观众数量	位	—	

1)丝绸之路国际博览会。该展会简称丝博会，第一届丝博会于 2016 年在敦煌举办。截至 2021 年，丝博会已经举办了 5 届。第五届丝博会在 2021 年 5 月 11 日至 15 日于西安举行，为期 5 天，其以“互联互通 · 共建共享”为主题，推动“一带一路”建设，构建国际化合作平台，加强国际互动。

2)世界物联网博览会。该展会简称物博会(WIoT)，第一届物博会在 2016 年举办，截至 2021 年已历经 6 届。第六届物博会在 2021 年 10 月 22 日至 25 日于江苏无锡举行，是国内最大的物联网行业集会，其开办目的在于加强物联网行业的往来，展示最新的应用成果、汇聚高端资源、吸引创新型人才，为世界新一代信息技术发展、产业发展、融合创新提

供交流平台。

3）中国国际装配式建筑与工程技术博览会。该展会简称筑博会，第一届筑博会于2016年在长沙举行。截至2021年，该展会已举办了5届。第五届筑博会于2021年10月22日至24日举办，为期3天。筑博会的开展意在充分展示城乡中的建设成就和住房发展历程，展现建筑行业的新技术、新产品与新理念，从而引领行业内的潮流风向，推动业内合作与交流。

4）中国（武汉）文化旅游博览会。该展会简称文博会，2021年11月26日至28日在武汉举行，为期共3天。2021年首次举办该展会，旨在进行品牌推介、产业聚集、供需嫁接，搭建文化与旅游合作的交流平台。展会期间还开展了文化和旅游的项目招商仪式、特色活动等，努力打造一流的会展品牌。

其中，前文所提到的世界物联网博览会本身就是展示万物互联、智能化、创新科技等数字技术的展会，其智慧化技术应用程度较高，有助于明晰互联网技术背景、发展以及现状，一定程度上物博会对本研究具有一定的参考意义。同时，物博会官网对往届展会叙述回顾陈列清晰、成果展示明确且具体、大部分信息已然公开、研究所需数据全面，有利于本书信息与资料收集工作的开展。所以，本书又单独抽取世界物联网博览会（2017~2021年）（鉴于资料的可获得性，2016的数据有很多的缺失），从纵向视角，即以时间维度为出发点，研究互联网产业与展览会产业的融合效果的变化情况，旨在探讨两大产业融合的发展趋势，从而给出针对性分析以及未来的发展意见。

2. 展览会与互联网融合模型构建

（1）建立数据标准化模型。本书运用极差标准化的方式来进行数据处理，旨在消除量纲和数值大小等事项对分析结果的影响，此外，为了避免计算数据无意义，本书在结果中加了0.01。计算公式为

$$X_{ij}=\frac{x'_{ij}-\min(x'_{ij})}{\max(x'_{ij})-\min(x'_{ij})}+0.01 \tag{5-1}$$

式中：i 为第 i 个展览会，$i\in \mathbf{Z}*$；j 为第 j 项指标，$j\mathbf{Z}*$；X_{ij} 为第 i 个展会的第 j 项指标的标准化数值；x'_{ij} 为第 i 个展会的第 j 项指标的初始数据值；$\max(x'_{ij})$ 与 $\min(x'_{ij})$ 分别为初始数据中的最大值和最小值。

(2)建立指标权重模型。目前，学术界既有采用客观法来确定权重的，也有采用主观法的。其中，主观法包括但不限于模型综合评价法、德尔菲法和层次分析法。客观法主要有熵权法、变异系数法和离差及均方差法。为了保证事实的客观性、结果的可靠性以及避免个人主观情感的干扰，本书采用熵权法来计算各个指标的权重。详情为：

第一步，计算第 i 个展会的第 j 项指标值在所有展会指标之和中所占的比重 P_j：

$$P_j=\frac{X_{ij}}{\sum_{i=1}^{m}X_{ij}} \tag{5-2}$$

式中：X_{ij} 为标准化后的数值；m 为参考展览会的数量；

第二步，计算第 j 项指标的熵值 e_j：

$$e_j=-\frac{1}{\mathrm{In}m}\cdot\sum_{i=1}^{m}P_{ij}\mathrm{In}(P_{ij}) \tag{5-3}$$

第三步，计算指标体系中的第 j 项指标的权重 w_j：

$$w_j=\frac{1-e_j}{\sum_{j=1}^{n}(1-e_j)} \tag{5-4}$$

式中：n 为本位规定的全部指标数量。

(3)建立综合发展水平评价模型。该模型的取值源于各个指标的权重以及其本身的数值大小。本书通过熵值法计算出权重后，可以采用线性加权的方法进行整合，从而得出互联网行业与展览会行业的综合发展水平评价指标。详情为

$$U_1=\sum_{i=1}^{m}W_e\times X_{ij} \tag{5-5}$$

$$U_2 = \sum_{j=1}^{n} W_n \times Y_{ij} \tag{5-6}$$

式(5-5)、式(5-6)中：U_1、U_2 分别为展览会行业与互联网行业的发展水平指标；m、n 分别为展览会行业与互联网行业中子系统的指标数量；W_e、W_n 分别为展览会行业与互联网行业中子系统各指标的权重；X_{ij}、Y_{ij} 分别为展览会行业与互联网行业第 i 个展会中第 j 项指标标准化后的值。

(4)建立耦合协调度模型。为了明晰展览会行业与互联网行业间融合有无效果且效果如何，本书引入了耦合协调度这一概念，旨在通过理论概念中的容量耦合及其系统模型的演变，得到展览会行业与互联网行业的耦合协调度模型，详情为

$$T=\alpha \cdot U_1+\beta \cdot U_2 \tag{5-7}$$

$$C=\frac{2\sqrt{U_1 \times U_2}}{U_1+U_2} \tag{5-8}$$

$$D=\sqrt{C \times T} \tag{5-9}$$

式(5-7)中：T 为综合发展评价指数；α、β 分别为展览会行业与互联网行业对协调度的贡献率。这里根据徐博(2021)的研究，认为互联网行业与展览会行业在构建系统中同等重要，遂对 α 与 β 均赋值为 0.5。

式(5-8)中：C 为互联网行业与展览会行业的耦合度，$C \in [0, 1]$。C 值越趋向于1，则互联网行业与展览会行业的耦合度越高，继而两者关联性越强，融合发展效果越好；若 C 值趋向于0，则展览会行业与互联网行业之间无耦合结果，没有融合效果，即互联网行业对展览会行业的发展没有促进作用，展览会行业的发展也不能使互联网行业前进。

式(5-9)中：D 为耦合协调度。由于耦合度 C 不能确切做到反映协调效果，因此，这里需要引入耦合协调度模型，以更真实、更精准地反映互联网行业与展览会行业的协同效果，并用耦合协调度进行划分。其中，$D \in (0, 1)$。D 越趋向于1，则互联网行业与展览会行业的融合发展程度越强，反之则越小。

(四) 互联网与展览业融合的耦合实证

1. 原始数据展示

互联网与展览会产业指标原始数据，如表 5-2 所示。

表 5-2　互联网与展览会产业指标原始数据

展会		互联网产业				展览会产业			
		开始时间	核心功能应用数量（个）	扩展功能应用数量（个）	增值服务数量（个）	成交额（亿元）	展会面积（m^2）	参展商数量（家）	专业观众（万位）
纵向对比	2017 世界物联网博览会①	2017-09-10	2	0	0	180	64000	522	17. 30
	2018 世界物联网博览会②	2018-09-15	2	0	0	200	50000	526	18. 90
	2019 世界物联网博览会③	2019-09-07	3	1	0	200	60000	542	19. 57
	2020 世界物联网博览会④	2020-08-07	5	4	4	210	50000	1053	19. 57

① 2017 世界物联网博览会（WIOT）. 2017 物博会回顾手册［R/OL］.（2017-09-13）［2022-03-05］. file: ///C: /Users/hp/Downloads/2017% E7% 89% A9% E5% 8D% 9A% E4% BC% 9A%E5%9B%9E%E9%A1%BE%E6%89%8B%E5%86%8C. pdf.

② 2018 世界物联网博览会（WIOT）. 2018 物博会回顾手册［R/OL］.（2018-09-18）［2022-03-05］. file: ///C: /Users/hp/Downloads/2018% E7% 89% A9% E5% 8D% 9A% E4% BC% 9A%E5%9B%9E%E9%A1%BE%E6%89%8B%E5%86%8C. pdf.

③ 2019 世界物联网博览会（WIOT）. 2019 物博会回顾手册［R/OL］.（2019-09-10）［2022-03-05］. file: ///C: /Users/hp/Downloads/2019% E7% 89% A9% E5% 8D% 9A% E4% BC% 9A%E5%9B%9E%E9%A1%BE%E6%89%8B%E5%86%8C. pdf.

④ 2020 世界物联网博览会（WIOT）. 2020 物博会回顾手册［R/OL］.（2020-12-05）［2022-02-13］. file: ///C: /Users/hp/Downloads/2020% E7% 89% A9% E5% 8D% 9A% E4% BC% 9A%E5%9B%9E%E9%A1%BE%E6%89%8B%E5%86%8C. pdf.

续表

展会		互联网产业				展览会产业			
		开始时间	核心功能应用数量（个）	扩展功能应用数量（个）	增值服务数量（个）	成交额（亿元）	展会面积（m^2）	参展商数量（家）	专业观众（万位）
纵向对比	2021 世界物联网博览会①	2021-10-22	6	4	6	251	50000	516	68.00
横向对比	丝绸之路国际博览会②	2021-05-11	5	4	3	1584	72000	2681	16.00
	世界物联网博览会①	2021-10-22	6	4	6	251	50000	516	68.00
	中国（长沙）国际装配式建筑与工程技术博览会③	2021-10-22	6	3	5	120	60000	465	258.67
	中国（武汉）文化旅游博览会④	2021-11-26	6	4	6	1656	60000	1062	298.80

① 甄泽 . 2021 物博会成果发布［EB/OL］.（2021-10-27）［2022-03-05］. http：//www.wxrb.com/doc/2021/10/27/125082.shtml.

② 在线丝博会 . 第五届丝博会成果发布稿［EB/OL］.（2021-05-15）［2022.02.18］. http：//www.xbhz.net/portal/news-detail? id=0b18379a-c311-4782-8615-6174e79caa06.

③ 2021 中国（长沙）国际装配式建筑与工程技术博览会 . 2021 筑博会回顾［EB/OL］.（2021-10-26）［2022-02-18］. https：//www.higbe.org/.

④ 喻珮，田中全 . 首届中国（武汉）文化旅游博览会闭幕吸引近 10 万人次观展［EB/OL］.（2021-11-28）［2022.02-18］. http：//www.news.cn/local/2021-11/28/c_ 1128109711.htm.

2. 指标权重确定

对于指标权重的确定，前文已经明确指出采用熵值法。所以，这里将运用式(5-1)至式(5-4)，来计算互联网行业与展览会行业各指标的权重。最终计算得出的权重指标，如表5-3所示。

表 5-3 指标数据标准化及其权重

展会		开始时间	互联网产业			展览会产业			
			核心功能应用数量（个）	扩展功能应用数量（个）	增值服务数量（个）	成交额（亿元）	展会面积（m^2）	参展商数量（家）	专业观众（万位）
纵向对比	2017 世界物联网博览会	2017-09-10	0.01	0.01	0.01	0.01	1.01	0.021173	0.01
	2018 世界物联网博览会	2018-09-15	0.01	0.01	0.01	0.29169	0.01	0.028622	0.041558
	2019 世界物联网博览会	2019-09-07	0.26	0.26	0.01	0.29169	0.724286	0.058417	0.054773
	2020 世界物联网博览会	2020-08-07	0.76	1.01	0.676667	0.432535	0.01	1.01	0.054773
	2021 世界物联网博览会	2021-10-22	1.01	1.01	1.01	1.01	0.01	0.01	1.01
	权重	—	0.107572	0.110166	0.156155	0.064975	0.155447	0.213169	0.192517

续表

展会		互联网产业				展览会产业			
		开始时间	核心功能应用数量（个）	扩展功能应用数量（个）	增值服务数量（个）	成交额（亿元）	展会面积（m^2）	参展商数量（家）	专业观众（万位）
横向对比	丝绸之路国际博览会	2021-05-11	0.01	1.01	0.01	0.963198859	1.01	1.01	0.01
	世界物联网博览会	2021-10-22	1.01	1.01	1.01	0.095294233	0.01	0.03301444	0.19387553
	中国（长沙）国际装配式建筑与工程技术博览会	2021-10-22	1.01	0.01	0.67666667	0.01	0.4645454	0.01	0.868097595
	中国（武汉）文化旅游博览会	2021-11-26	1.01	1.01	1.01	1.01	0.4645454	0.279404332	1.01
	权重	—	0.095692	0.095692	0.100718	0.182059	0.119077	0.256068	0.150694

3. 耦合协调度实证结果

(1)耦合协调度评价标准。通过查阅文献，总结前人对耦合协调度的评价标准。这里运用均匀分布理论，将耦合协调度划分成10个等级，详见表5-4。

其中，当D(耦合协调度)无限趋近于1时，证明此时的耦合协调度趋近于无限大，能达到优质协调状态，系统之间或要素之间形成“共振”状态，系统接下来将会向有序方向进发；当D无限趋近于0时，证明此时的

表 5-4　耦合协调度等级划分标准

耦合协调区间	协调等级	耦合协调程度
(0.0，0.1)	1	极度失调
[0.1，0.2)	2	严重失调
[0.2，0.3)	3	中度失调
[0.3，0.4)	4	轻度失调
[0.4，0.5)	5	濒临失调
[0.5，0.6)	6	勉强协调
[0.6，0.7)	7	初级协调
[0.7，0.8)	8	中级协调
[0.8，0.9)	9	良好协调
[0.9，1.0)	10	优质协调

资料来源：廖重斌．环境与经济协调发展的定量评判及其分类体系：以珠江三角洲城市群为例［J］．热带地理，1999（2）：76-82.

耦合协调度无限趋近于最小，处在极度失调的状态下，系统之间或要素之间是无关状态，系统接下来将会向无序方向进发；当 $D\in(0, 0.3)$ 时，此时两系统的耦合处于失调状态，两大产业的发展不平衡，无法带动融合后的新产业形态，更甚者会使其发展被制约；当 $D\in(0.3, 0.5)$ 时，该阶段处于融合发展的拐点，呈现出发展的新契机，总体发展能够得到改善，融合逐渐进入快速发展阶段，也逐渐形成健康、有序的样貌。但是会由于环境限制，融合不能得到进一步改善与发展；当 $D\in(0.5, 0.8)$ 时，两系统或两要素进入了磨合期，处于一个良性发展的时期。在该耦合程度中，融合产业已然跨过了发展困难的门槛，并得到了持续发展的内部支持；当 $D\in(0.8, 1)$ 时，此时两融合产业能够着重在质与量方面发展，使两大产业在融合中相辅相成、相得益彰，两系统可以在相互作用、相互协调、相互促进中向更高层次迈进，向和谐共生的方向演进。

（2）耦合协调度结果。耦合协调度结果如表 5-5 所示。

表 5-5　耦合协调度结果

展会		开始时间	展览会行业综合发展水平 U_1	互联网行业综合发展水平 U_2	协调度 T	耦合度 C	耦合协调度 D	协调等级	耦合协调程度
纵向对比	2017 世界物联网博览会	2017-09-10	0. 162540	0. 003739	0. 083139	0. 296515	0. 157010	2	严重失调
	2018 世界物联网博览会	2018-09-15	0. 032026	0. 003739	0. 017883	0. 611922	0. 104608	2	严重失调
	2019 世界物联网博览会	2019-09-07	0. 147823	0. 058173	0. 102998	0. 900334	0. 304520	4	轻度失调
	2020 世界物联网博览会	2020-08-07	0. 255503	0. 298687	0. 277095	0. 996959	0. 525597	6	勉强协调
	2021 世界物联网博览会	2021-10-22	0. 263753	0. 377632	0. 320692	0. 984112	0. 561780	6	勉强协调
横向对比	丝绸之路国际博览会	2021-05-11	0. 564283	0. 002921	0. 283602	0. 143155	0. 201492	3	中度失调
	世界物联网博览会	2021-10-22	0. 042002	0. 295024	0. 168513	0. 660589	0. 333643	4	轻度失调
	中国（长沙）国际装配式建筑与工程技术博览会	2021-10-22	0. 190515	0. 213605	0. 202060	0. 998366	0. 449143	5	濒临失调
	中国（武汉）文化旅游博览会	2021-11-26	0. 296372	0. 295024	0. 295698	0. 999997	0. 543780	6	勉强协调

4. 纵向对比结果分析

(1)产业发展水平分析。

图 5-2 中，展览会产业发展水平(U_1 所示)在 2017~2021 年一直处于波动态势。其中，2017 年物博会到 2018 年物博会之间的展会发展水平呈现出下降趋势。从整体上看，这是由于 2018 年展会的配置与成果相较于其他时期的展会没有优势，使 2018 年物博会整体处于下层水平，进而迫使其整体发展水平有所下降。结合外部环境看，2018 年的展览会水平下降，是由于当年的宏观经济处于下行周期，出现 GDP 增速放缓、居民商品和服务消费支出增速显著下滑、国内投资需求波动不大、居民收入增速下滑等情况，致使消费者的消费意愿下降，从而导致 2018 年的展览会发展不起来。然而，2018~2021 年的展览会发展水平则呈现出上升趋势，从 0.032026 上升到 0.263753（见表 5-5）。这表明，2018~2021 年，物博会的知名度在提升，展会配置有所增强，使展会取得更加喜人的成果，进而促进展会发展水平的增长。可是，2021 年物博会的展会发展水平上涨较少，对比原始数据(见表 5-2)，可以看到 2021 年物博会展览面积较小、参展商较少，削弱了其展会的整体发展，虽然该届展会专业观众最多，但这仅能使其较少提升，还做不到使其整体水平保持持续增长。

图 5-2 的 U_2 代表着互联网行业的综合发展水平。大体上看，近年来，互联网产业一直都呈现逐步精进的发展态势。在展览会这个领域内，互联网的发展水平在提升，并助力该行业发展。2017~2021 年的物博会，很明显可以看到 U_2 线条呈稳步上升趋势，从 2017 年的 0.003739 到 2021 年的 0.377632(见表 5-5)，增长为原来的 100 倍。如此快速的增长在很大程度上缘于政府对互联网的政策支持，科学技术的进步使得智慧化展会出现，从而促进互联网行业的发展与繁荣。

对比 U_1 与 U_2，可以看出短短几年时间，相较于展览会本身，互联网近几年在展览会行业的发展更加迅猛，展览会发展相对缓慢与波动化。这是由于互联网融入展览会的时间并不长，短时间内使互联网能够匹配上展

览会，需要做出更大的努力。在图 5-2 中，2017 年物博会的指标清晰地显示，互联网发展水平较展览会发展水平处于下层，而后互联网的发展甚至高于展览会的发展，可见互联网的发展更加强势。

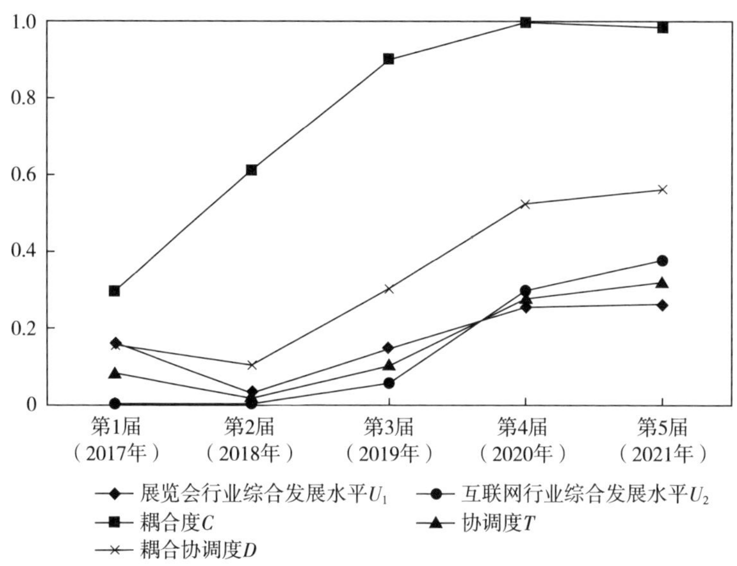

图 5-2　世界物联网博览会综合发展水平、耦合度、协调度、耦合协调度

T 代表着展览会行业与互联网行业的协调度。产业融合理论的出现促使着行业间壁垒的轰塌。两个产业或多个产业融合有助于产业更加蓬勃发展。图 5-2 中，T 线条呈现波动上升态势，从 0. 083139 上升到 0. 320692（见表 5-5），可见，展览会与互联网的融合是可行的，而且在未来两者的融合也许会愈加融洽。

（2）耦合度与耦合协调度分析。根据图 5-2，互联网与展览会产业的耦合度处于上升态势，仅在 2021 年有所下降但下降幅度很微小，原因在于 2021 年物博会的展览会发展水平起伏不明显。由此可见，展览会的自身情况影响着产业融合的效果，并且如果展会本身发展得好，那么展览会与互联网之间相互促进的作用便可以充分发挥，甚至可以呈现出极高的耦合状态(如2020年物博会)。

从耦合协调度的角度来看(结合表5-5),2017年与2018年的物博会处于0.3以下的严重失调状态,这表明这两年物博会的融合效果不甚理想,展览会与互联网处于无序运行阶段,融合处于濒临崩溃的边缘。但2019年物博会是一个转折点,这一年的耦合协调度达到了0.3——轻度失调。虽然两系统还是失调,但是“轻度”意味着事件在向着理想的方向发展,健康且有序的融合即将出现。到2020年和2021年的物博会,其展览会与互联网的耦合协调度已然达到了0.5——勉强协调。这说明,两个产业间已经出现契合的现象,互联网向展览会的渗透可能不再是生拉硬套,展览会行业与互联网行业开始相互适应、相互融合、共同发展。

5. 横向对比结果分析

(1)产业发展水平分析。2021年,各产业展览会呈现出来的 U_1 与 U_2 折线较为波折,可见展览会产业与互联网产业发展水平不一。图5-3中,世界物联网博览会的发展水平(U_1)是四个展会中最低的,而丝绸之路博览会的展览会发展水平则处于最高位置,表明相较于其他三个展会,丝博会位于展会发展的前沿,其展会发展效率相对处于最优状态。这可能是由于丝博会是国家级展会,其展会质量直接影响“一带一路”的发展进程,所以,相较于其他展会而言,丝博会主办方要更重视展会质量,丝博会的观众以及参展商更能为展会带去强大力量和良好成果。

而从互联网发展水平来看,世界物联网博览会的互联网发展水平反而以0.295024的数值处于领先位置,而丝绸之路博览会的互联网发展水平则处于较低水平,表明物博会中的数字化技术、展会科技处在发展的前列,其互联网的应用水准相较是最高的。这也许恰恰是由于物博会本身就是以发展创新科技为主线,科技型展会不只要求各家展品是科技类的,展览会本身也要渗透出科技元素,如物博会中的自动登记注册系统、数据整合系统、线上云展等。所以在对展会本身的科技化要求上,物博会更加注重与强调展会科技的运用,从侧面体现出物博会的智慧感。

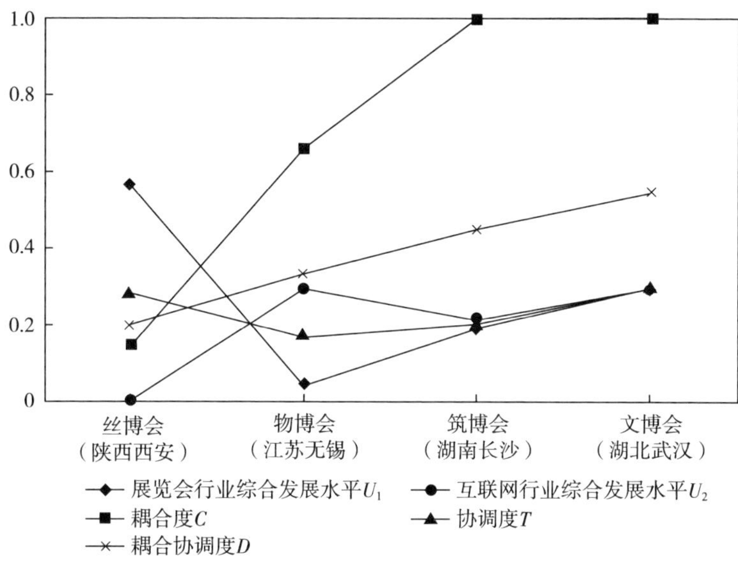

图 5-3　2021 年各展会综合发展水平、耦合度、协调度、耦合协调度

至于协调度 T 的态势（结合表 5-5），中国（武汉）文化旅游博览会以 0.295698 略高于丝绸之路博览会，而世界物联网博览会的协调度则处于较低水平，仅 0.168513。结合互联网产业与展览会产业的发展水平来看，两个产业的融合协调与否，不取决于一方产业的高低，而是要求产业双方的发展水平同步，例如文博会，其 U_1 值、U_2 值、T 值几乎处于同一水平，这才使文博会的融合最为融洽。

（2）耦合度与耦合协调度分析。图 5-3 中（结合表 5-5），筑博会和文博会的耦合度处于较高水平，均超过 0.99，而世界物联网博览会与丝绸之路博览会的耦合度分别仅为 0.66 和 0.14。其中缘由也许同协调度一致，很明显，图 5-3 所示的丝博会与物博会的互联网产业与展览会产业的发展水平差距较大，而筑博会与文博会的两个产业发展水平无明显差距。可以说，两个产业发展水平是否平衡也许是耦合度高或低的原因，保证融合双方的均衡与同步发展才能使耦合度得到提升。

从耦合协调度角度来看（结合表 5-5），丝博会、物博会、筑博会、文博会的耦合协调度依次为0.201492、0.333643、0.449143、0.543780，可见互联网产业与展览会产业耦合协调发展出现区域性的态势，呈现“中间高两边低”的格局。具体来讲：湖南与湖北位于我国的中部地区，两者的耦合协调度的平均值达到0.49646，极度接近0.5，即勉强协调。中部地区位于内陆，平原众多，产业结构较为合理，展览会产业与互联网产业能够通过中部的“承东启西”的作用相互促进、旗鼓相当，形成良好的发展格局。江苏位于东部，而东部地区创新产业聚集，BAT等科技龙头企业均位于东部，科技型企业发展势头较猛，这造就了江苏互联网产业的高水平发展。而西部幅员辽阔，拥有众多自然风光、历史古迹，人口密集程度较低，适合建设各类大型设施以带动西部发展，其中展览馆就是其中之一。此外，地势较高、地形复杂等因素，导致西部开发时间较晚，前沿产业短缺，西部整体发展落后于中部与东部。借此缘由，西部的展览会发展水平方能处于领先地位，而互联网产业发展却处于最低水平。东西部互联网与展览会的发展“一高一低”，极其不平衡，缺乏同步性，使两边的耦合协调度低于中部地区，从而形成“中间高两边低”的耦合协调度的地域性特征。

（五）研究结论、建议与展望

1. 研究结论

本书以展览会产业与互联网产业为研究基点，从产业融合理论的视角展开研究，在两个产业中共选取7个一级指标，其中3个代表互联网产业，4个代表展览会产业，同时还有14个二级指标归属于互联网产业，以此共建“展览会产业—互联网产业”融合测度指标体系；并运用耦合协调度这一工具，分别对2017~2021年物博会与2021年丝博会、物博会、筑博会以及文博会的展览会发展水平以及互联网发展水平进行研究，对展览会行业与互联网行业的融合发展进行测度，得出以下结论：

第一，建构了一套可以用于今后评估展览会的发展与融合情况的指标体系。本书通过一系列计算、论证、分析与研究得出有效结论，证明评判指标可行、有效且具有说服力。互联网的核心功能应用数量、扩展功能应用数量与增值服务数量，包括下设的14个二级指标与展览会的成交额、展会面积、参展商数量与展业观众数量可以作为日后评判智慧化展会（互联网与展览会）融合效果的测度指标。

第二，近几年，展览会产业发展水平较为波动化。考察期限内，展览会产业的发展顺应时间潮流，一直是波动发展状态。其中，展览会综合发展水平呈现出“下降再上升”的动态态势，即2018年以0.032026的数值出现下降，其他年份均呈现出增长态势。其原因可能是2018年宏观经济处于下行周期，GDP增速放缓。消费者购买商品和服务的支出增速明显减慢。国内投资需求波动不大。居民收入增速下滑等。基于以上宏观环境，企业、消费者等的参展能力与意愿也许发生变化，使2018年的展览会发展水平下降。

第三，互联网产业发展水平平稳上升，发展速度快于展览会的发展。互联网产业发展水平呈现出稳步上升的情形，除2017年与2018年没有上涨的情况，互联网发展水平保持不变，其余时期互联网发展水平均处于稳步上升态势。而且，近5年可以很明显地看到，互联网的发展增速大大快于展览会的发展增速，这很可能得益于政府对互联网的政策扶持，国家对数字技术的大力扶持以及技术进步对行业发展的重大意义，使互联网产业保持这种快速发展且持续上升的态势，最终达到展览会与互联网之间相互促进的目的。但是鉴于两个产业发展态势的差距与数据的差异的共同作用，展览会产业与互联网产业的发展同步性较差，对于这一问题，今后还需进一步研究解决。

第四，展览会与互联网融合可持续发展。通过分析，展览会产业与互联网产业的协调度（T）处于波动上升状态，仅2018年协调度出现了明显的下降，下降的原因依然是2018年外部环境，与展览会和互联网本身无明显联系。这表明，2017~2021年，两个产业的融合协调且可行，未来的融合会愈加融洽。此外，互联网产业与展览会产业的耦合度（C）呈现出稳步上升态势，这同样代表两个产业作用力度不断加大，彼此的黏性也在加强。

第五，展览会产业与互联网产业的耦合协调度稳步上升，耦合协调情况愈加明朗。除了外部宏观环境较差导致的2018年耦合协调度的微弱下降，报告期内剩余时期的耦合协调度均逐年上升，从2017年的0.157010上升到2021年的0.561780，两个产业融合水平整体向好。但是，两个产业的耦合协调度上升缓慢，经历了极度失调—轻度失调—勉强协调，虽然该协调状态可以表明融合取得成效，但是与良性互动、高质量发展还存在距离，任重而道远。

第六，2021年展览会产业与互联网产业的耦合协调度呈现出地域性特征。通过计算与数据分析，从2021年展览会产业与互联网产业的耦合协调度来看，两个产业的耦合协调发展的地域性较为明显，呈现出“中间高两边低”的发展格局，其中中部地区（以湖北与湖南为例）的耦合协调度平均值极度接近0.5，即勉强协调的程度；东部地区（以江苏为例）的耦合协调度则是轻度失调；西部地区（以陕西为例）的耦合协调度最低，即中度失调。得益于东部地区科技型企业聚集、丰富的技术物料和技术产业的发展，东部的互联网产业发展水平较高；而西部地区展览会产业较为发达，很大程度上是其地广人稀的结果；而中部地区由于其地理位置存在“承东启西”的作用，在一定程度上使两个产业能够均衡发展、同步协调，从而使中部地区的融合效果最佳，最终呈现出具有较大差异的地域性特征。

2. 理论与实践意义

当前我国科学技术日趋成熟，互联网在各行业中越来越占据着重要地位。“互联网+”的态势改变了行业的发展方式、生产方式以及竞争方式；其凭借产业融合推进展览会工作新模式，并在一定程度上决定着展览会未来的新高度。而现有的有关互联网与展览会融合发展的研究微乎其微，大多互联网融合的文章着重于对未来的展望与建议，如对“互联网+”的论述以及对展览会智慧化的讨论等。因此，有必要探索互联网与展览会的融合效果，对两个产业的评价指标进行系统筛选与测试。而且，本书采用的双

向研究方式，既能探讨时间维度下两个产业融合的趋势，也能从横向视角观察两个产业融合所呈现出的特征。从整体上讲，本书能丰富产业融合理论；有助于奠定互联网与展览会融合方向的研究基调，从而推动展览业在互联网领域的研究。

事实上，展览业对于展览会智慧化程度的判定尚未建立较为完善的体系。一些称赞报道很大程度上赞叹于展会的科技化水平，但这些对于展会的智慧化提升是否有帮助，有多大的加成，相关人士也很难做出严格判断。那么，本书的讨论，可以衍生出一套较为可观、规范、有理、有效的检测融合效果的指标，较大程度上为相关人员提供理论指导；为展会组织者制定推动互联网融合发展的产业和展览业提供政策意见；为行业相关者指出当前存在的不足，规范业内的操作行为，助力得出令人信服的结果。此外，本书的结论可以从两个维度揭示目前智慧化展会的发展、现状及特征，为展览会产业、互联网产业相关从业者提供具有说服力且较为客观的产业概况，从而使其对症下药，推动两个产业的融合发展。

政府有关部门应该提供相关优待政策，例如，鼓励展览会协会、企业和各高校等团结合作，创新思维，以鼓励并积极推动数字化技术与互联网技术在展览会行业的发展；加大资金支持力度，鼓励企业参与智慧展会建设，以促进产业创新和持久发展。通力合作，打造智慧化展览场馆产业。展览会与互联网的融合效果必然体现在展览会本身，排除展商自带的智慧效果，展馆整体的智能化水平也是对展会的加持。人工助手、自动注册系统、VR 虚拟展、物联网等可以归拢成展览馆的一体化管控平台，加强场馆管理的同时，也能强化人员沟通与管理，从而达到加强互联网与展览会融合的目的。目前，智慧化展会仍处于刚刚起步阶段，随之对应的问题便是缺少相应的复合型人才，了解展会的人才鲜少知晓互联网相关事项，熟悉互联网内容的人才又不清楚展览会领域。可见，这样两个产业的复合型人才培养体系尚未建立，专业人士不足，减缓了智慧展会的发展。大数据可以是连接整个展览会产业的桥梁，可以是搜集展会官方信息的平台，也可以是汇集参展商和赞助商等的媒介。展会运输、展会搭建、展会设计等一系列产业流程，也可以通过大数据平台的建立实现互联互通。而且，展会信息查询、匹配功能与推荐功能等也可以促使智慧展会的升级。重视互联网时代下的大数据平台，增加科技投入，发挥大数据的最大效用。通过前文分析，得出展览会产业与互联网产业均衡发展、同步性协调，才能使两者的融合产生良好结果。其中，我国中部地区的展览会产业与互联网产业发展较为平衡，致使中部地区的耦合协调度最佳，而东西部则由于单项强势，落后于中部融合发展。所以，要尽量做到平衡各地两个产业的发展。例如，向西部地区引入科技型产业，鼓励建设科技型企业，吸引科研人才定居西部等；改造东部地区现有场馆成为数字化展览会，引入展览会人才，兴办会展教育等。

目前展览会与互联网的融合仅处于勉强融合的状态，但这并不意味着两者的融合是不可行的，反而由于近年来展会融合效果逐步增强，我们更需要考虑的是如何使两者融合的优势进一步扩大。这是一个有待探讨和验证的过程。

3. 研究局限性与展望

本书可能存在些许不足与局限性，有待在今后的研究中进一步完善。详情如下：

(1)指标选取方面。目前，展览会与互联网融合方面的研究比较少，所以在选取指标上，本书只能通过互联网与其他产业的融合来确定，这便导致部分指标可能缺乏代表性。此外，对于二级指标的确定，本研究采用了专家咨询法。为了减少信息搜集工作的难度，在确定二级指标时放弃了比例类、数值类指标，转而通过规定应用确定数据，这就导致必然存在些许主观性。所以，随着日后两个产业的发展，这些指标还需要进行进一步的验证与优化，以保障指标的权威性与客观性。

(2)研究范围方面。本书为双向研究：从纵向(时间维度)视角，本书仅选取了2017~2021年的世界物联网博览会的数据；从横向视角，本书仅选取了2021年的丝博会、物博会、筑博会以及文博会数据。由于展览会与互联网是遍布全国的两大产业，而本书只选择了个别展会作为数据来源，并进一步分析其发展、现状与特征，所得研究结论可能不够全面，结论准确度有待提升。未来的进一步研究，要选择更多具有代表性的展会，对各个展会不同年份的数据进行剖析，形成一个一一对应的"方块"数据表，以保证研究的全面性以及结论的说服力。

(3)研究结论方面。"互联网与产业展览会产业的耦合协调度呈现出地域性特征"这一结论，并未区分展览会举办地、技术供应商、举办方没在同一地域内的状况。未来需要结合一些数据，探究"三者在同一区域与否"对融合的影响是否存在差异。

(4)研究方法方面。因为熵值法能避免权重赋予过程的主观性，而且计算过程简单，所以本书最终决定以熵值法来获取各指标的权重，但是熵值法的运用又过于客观，可能会忽视主观决策的想法。在日后的研究中，应该选取更多的权重确定方法进行检验与结果对照，力求使结论更科学、更合理、更可靠。

第六章 互联网与展览业深度融合的发展建议

一、互联网与展览业融合的趋势研究

放眼全球展览会发展演变过程，近代展览会起步于两百多年前，发展至今经历了三大发展时期，分别是以成果展示为主的博览会时期、以商贸采购为主的专业展销会时期和以产业创新为主的现代展览时期（罗秋菊，2020）。在不同发展时期，展览会所具备的主导功能、需求导向有所不同，展览形式也有所区别。现代展览会是市场经济发展的结果，对于行业而言，是重要的展览展示平台和商贸平台，是买卖双方交易配对的纽带。现代展览会中通常能够汇集一个行业产业链中上、中、下游的企业及消费者进行面对面交流、交易，是能够在某一区域产生短时间的信息传递、知识交换的经济活动集聚。发展至今，展览会向涉及的各个利益相关者汇集的人流传递信息流、资金流和产品流，是相互作用汇集的结果（裘泽宇，2018）。

随着互联网的发展，互联网技术与展览业的融合最早开始于互联网信息技术为展览会提供诸多技术支持，在软件、硬件、信息系统等方面提升了展览会项目运行的效率。除此之外，数字营销手段的不断丰富、数字营销渠道的不断拓宽、数字支付方式的革命性突破、数字场景体验的不断优化、数字内容的不断创新均从各个角度为展览会赋能。特别是电子商务的迅速发展，催生出诸如 B2B、B2C、C2C、O2O 等多个新型业务模式、盈利模式和商业模式，对传统展览会的部分功能不仅实现了补充，更是替代和竞争。这也使互联网与展览业的融合突破了技术融合，向运营融合发展。并且互联网与展览业的进一步融合也不断影响传统展览业的操作习惯和思维模式，特别是大数据、云计算、人工智能、物联网等技术的发展和应用对传统展览会的组织、运营、管理产生了深刻影响。现代展览中的信息流和资金流能够在线上快捷、高效、安全地传递，例如，参展咨询、展前询盘配对变得更加自主化、便捷化。但互联网与展览业的融合并非只是“展览+互联网”式的循序渐进的发展，而是“互联网+展览”实现了跨越式发展，二者的表现形式如表 6-1 所示。“互联网+展览”对展览业的升级是实现展览业的互联网化，将互联网开放、平等、互动等网络特性在展览业中运用，通过大数据的深入分析和整合厘清展览业的供求关系，并且对展览业提供服务的流程、方式进行了再造和重构。而新冠疫情使全球展览和活动行业一度陷入停顿状态，展览业不得不进行再次升级和重大转变来应对突如其来的打击，这也提升了互联网与展览业的融合程度。为了应对线下展会停办的危机，无论是不得已而为之还是顺势而为，人们的目光都从线下转向了线上，主办方、参展商、专业观众都因各自的需求而需要线上开展展览活动。

互联网与展览业融合以来，从技术融合到运营融合、业务融合，融合结果在 2020 年较为密集的线上会展实践中集中表现。那么，线上会展与线下展览、电子商务、直播带货在满足参展商、专业观众需求方面究竟有哪些异同点呢？如表 6-2 所示，根据实体展览会研究中参展商目的（罗秋菊、保继刚，2007）、专业观众参展目的（罗秋菊，2008）的研究结果，对比线下展览会、电子商务、直播带货、线上会展能否满足不同需求。通过比较，我们需要认识到，展览会不能单纯地看作一种成本效益好的销售方式，

表 6-1　“展览+互联网”与“互联网+展览”两种发展形式的不同表现

表现	“展览+互联网”	“互联网+展览”
信息流	在展前，展览会官网、App 或其他社交媒体平台承担了信息流的部分“工作”，客户可以在线浏览展会的相关信息，包括视频、图片和文字等，但增强了到展会现场一探究竟的愿望，基于这些线上和线下的信息，客户作出是否参加展会的决定	在展前，信息源于各个线上电商平台、社交平台、搜索平台的精准推送，并且可以在线上进行展前的配对、询盘，准确联系客户；在展中，展品信息流通过直播平台、电商平台、线上展览平台展示、传播，客户可通过线上会议方式进行交流洽谈，并且能够形成线上社交的社群
资金流	现场双方深入沟通，达成订单或合作，再预付定金	利用线上支付方式、互联网金融手段进行资金流的流动
产品流	现场可亲身观察、体验实体产品，参展商选择一家快递公司把所需产品或文件寄送给买家，完成产品流，快递公司承担其中的物流	展品信息流通过直播平台、电商平台、线上展览平台展示、传播，配合物联网、物流网络进行线下配送
人流	通过展前招商、招展、观众邀请吸引人流，参展商、观众亲临现场	人群引流，使用各种数字化营销手段在展前对行业内及行业外人流进行精准推广，并对买家、卖家群体精准投放
主导方	展览公司	互联网企业+展览公司
展览业与互联网的融合程度	单纯将互联网作为工具运用	实现线上和线下的融合与协同，利用明确的产业供需关系，为用户提供精准、个性化服务

资料来源：根据裘泽宇(2018)部分内容以及收集资料整理。

在建立关系、信任、员工奖励上，实体活动有线上虚拟活动不可比拟的优势。即便是互联网与展览业深度融合，也不能忽视对互联网、展览业各自优势的最大利用，取长补短来实现展览业升级发展。互联网与展览业深度融合进入商业模式阶段后需要注意的是，互联网的商业模式是基于流量展开的，带来的是眼球经济，将人的注意力转变为流量，流量再变现，因而进行商业模式变革的关键点在于如何吸引用户关注、了解用户需求(黄楚新、王丹，2015)。

表 6-2　不同方式对参展商、专业观众目的的满足情况

形式		线下展览会	电子商务	直播带货	线上会展
参展商参展目的	销售	√	√	√	√
	搜集信息	√	√	√	√
	建立关系	√	√×	×	√
	宣传形象	√	√	√	√
	员工奖励	√	×	×	×
专业观众参展目的	搜集信息	√	√	√	√
	建立市场关系	√	√×	×	√
	考察奖励	√	×	×	×
	采购行为	√	√	√	√

注：“√”为能够满足，“√×”为部分满足，“×”为不能满足。

展览业产业链是以展览会为核心，主要包括以展览公司为主体的上游企业，以场馆经营公司为主体的中游企业和以相关服务商为主体的下游企业。随着互联网与展览业的深度融合，展览业产业链中的上中下游的构成主体也在发生着变化，互联网公司将会承担主办方或承办方角色来发起、策划、组织和实施一场线上展会，并且互联网与展览企业深度融合后能够进一步提升经营管理效率，建立社会化客户关系管理平台，利用互联网公司的资源协助尽心精准营销，在企业内部高效协同办公，为客户提供智慧解决方案。同时，中游的场馆经营方在举办线上展会时可能不再是必需的主体，而互联网基建相关的软件、硬件开发企业会成为数字化展会中重要的搭建方，在线上线下融合的情境下，场馆方还需要与互联网公司合作加大数字化技术融合，协同互联网技术公司提供智慧服务体验、智慧运营管理、物联展馆、智慧新业务等。互联网与展览业深度融合后能够大幅提升企业组织效率，降低运营成本，创新商业模式，创造新利润点。

事实上，相关研究层出不穷，2020 年参展企业举办或参加线上对接或线上展览活动的比例大大提高，打破了时间空间的限制，数据成为产业运行的核心，用户需求成为经营的重点，去中心化的传播成为主流（薛桂艳，

2021）。因此，应充分利用线上展会升级和扩展会展产业链、价值链。部分企业通过使用大数据、互联网技术，开展“云展示”“云对接”“云引流”“云互动”“云洽谈”“云签约”等多种业态新模式，拉长会展商品展示周期、创新展示应用场景（刘清扬等，2022）。

2020年我国展览业更是认识到了“互联网+展览”这一融合方式的重要性，众多产业界实践不断涌现，为展览业探索到了新的发展路径。目前，在展览双线融合发展模式实践和认识上主要探索了四种模式，分别为纯线上模式、线上为主线下为辅模式、线下为主线上为辅模式、线上线下深度融合模式。线上展会不是简单地将实体展览会的某部分移植到线上，而是一种全新的结构设计和流程再造。实现展览业升级和线上化的核心也不是软件技术，而是基于商业理念的运营能力架构（陈弘浩，2020）。目前，无论是会展公司还是互联网企业，并没有完全意义上探索出成熟的模式，各个模式都在探索阶段。因此，对于线上会展以及展览双线融合的具体模式，无论是会展公司还是互联网公司，都需要考虑如何借助自身优势来发力。

2018年，国外战略咨询企业AMR发布的报告显示，展览业发展模式进入2.0时代，并对展览模式1.0、1.X、2.0的特征进行归纳。依据展览1.0向展览2.0演进的过程，并结合我国互联网与展览业融合历史，互联网与展览业融合会经历四个阶段。其中，展览1.0表现为“展览+互联网”，展览2.0表现为“互联网+展览”，二者的不同主要表现在业务融合方式上。互联网与展览业融合的四个阶段的不同，具体表现在技术融合、运营融合、业务融合、组织融合四种融合形式及程度上，如表6-3所示。

互联网与展览业深度融合的整体发展阶段是由技术融合到技术融合与运营融合、业务融合、组织融合综合形成一个融合整体，对展览业进行产业升级和转型。整体上为“展览+互联网”到“互联网+展览”的跨越式发展。从产业融合的角度来看，可通过产业融合的四种形式（如表6-4所示）来认识互联网与展览的深度融合（郑明高，2010）。渗透型融合将互联网产业中的高新技术向展览业不断渗透，成为提升和引领展览业发展的关键性因素，

表 6-3 互联网与展览业融合的四个阶段及表现

项目		展览 1.0	展览 1.X		展览 2.0
		第一阶段	第二阶段	第三阶段	第四阶段
阶段特点		技术提升效率	信息构建平台	数据驱动智能	体验创造价值
展会形式		纯线下	大线下+小线上	线下线上平行并存	线下线上双线融合
融合形式		技术融合	技术融合+ 运营融合	技术融合+ 运营融合+ 业务融合	技术融合+ 运营融合+ 业务融合+ 组织融合
技术融合表现		展会网站搭建、 电子表单、 电子支付	移动互联预约 注册、在线客服、 客户信息管理系统	人脸识别、智能 流量统计、智能 匹配、展商观众 画像生成、2D 及 2.5D 虚拟展会、 数字虚拟展示手段	全场景体验系统、 智能决策系统
运营融合表现		—	2B、2C 运营体系 各自独立	展商信息快速匹配 邀约、即时通信	2B 与 2C 运营形式 融合、综合类媒体 自办展会增多
业务融合表现	盈利模式	—	—	数字展位及广告 位收入、直播平台 收入、平台服务费、 平台入驻费	渠道和流量服务费、 会员增值服务费、 广告位费用、展位 费用(线上线下)、 平台服务费
	营销方式	—	—	短视频、直播等 新媒体营销、 社群营销	体验营销、 全渠道营销

提升展览业发展水平与高技术化；互补型融合是通过互联网产业赋予展览业新的附加功能和竞争力，形成融合型的展览产业新体系；重组型融合意味着重组后产生的新产品或服务不同于原有产品或服务；替代型融合则意味着互联网产业逐步取代传统意义上的展览业。四种融合形式中，除替代型融合外，渗透型融合、互补型融合和重组型融合都有可能发生，并且在展览业的不同方面有不同的融合形式。而面对互联网与展览业的深度融

合，展览业和互联网行业中的企业均需要进行组织战略上的调整，针对“互联网+展览”重新思考战略定位，深挖优势，探索融合路径，而这与刘林艳(2020)的研究结论也是一致的。两个产业中的企业都需要再次思考基于产业融合的产品战略、人才战略和制度战略。不仅需要基于技术扩散进一步制定信息化战略，更需要制定基于新产业价值链的协同战略。

表 6-4　产业融合的主要形式

产业融合形式	特点
高新技术的渗透融合(渗透型融合)	往往发生在高新技术产业和传统产业的边界处
产业间的延伸融合(互补型融合)	主要发生在同一标准束下所开发的新产品或者子系统之间
产业内部的重组融合(重组型融合)	需要两个前提条件：一是融合的产品之间具有相似的特征及功能，是可替代产品；二是这些产品之间具有共同的标准元件束或集合
全新产业取代传统旧产业进行融合(替代型融合)	主要发生在具有紧密联系的产业或同一产业内部的不同

2020 年以来，会展企业和互联网公司都根据各自对线上展览的理解进行了众多具有创新意义的探索性实践，并且随着新冠疫情好转，线下展会逐步恢复，各个企业充分利用自身优势进一步探索展览双线融合模式。在互联网与展览业深度融合的认识与实践上仍需要更进一步深入探索。互联网与展览业深度融合是实现展览 2.0 的必要路径，是为了推动展览向更高形态发展而更好地为人提供服务。互联网与展览业深度融合，实现展览 2.0 并不是展览业发展的最高形态和终点，而是在新的起点上突破固有观念的束缚持续创新，迸发出新的活力。会展行业是服务业，归根结底，它的兴衰取决于服务对象的兴衰(陈先进，2020)。无论是传统意义上的展览会还是其他手段或方式替代展览会功能的产品或服务，最终的服务对象都是人，满足人对展览的需求。那么，无论什么形式的展览都是一种工具而不是目的，都离不开为人的需求服务的本质。展览业的发展是从业者从实

践到认识再到实践的过程，是一个不断发展的过程，因此，需要始终以发展的观点来看待互联网与展览业深度融合的趋势与未来。

二、互联网与展览业融合的政策建议

(一)企业层面

企业探索线上线下融合发展路径，发展双线优势。用科技赋能展览业，同时也依托展览业发展新技术，实现互利共赢。

1. 科技赋能，探究双线融合的展览模式

(1)加强移动互联网技术在展会中的运用。打破线下办展在地域、时间和空间上的弊病，线上展会通过利用虚拟会场、虚拟主持人、远程连线、同传翻译、直播等线上方式，塑造新的内容和场景的展示形态，在提供优质会议内容、满足社交互动的同时，通过线上技术的加持，消除时空限制，强化会议的宣传、推广、引流、参与和互动。裴超、孟楠(2020)通过使用虚拟展厅、在线论坛、网上峰会，以及展商直播、直播间抽奖引流等多样化的活动形式，让观众在线上体会沉浸式看展，快速找到合适的展品。线下展会中，用技术创新增加展会优势，打造与众不同的展会。在满足线下展会面对面互动交流、实地检验和体验产品的同时，将大数据、人工智能深度融合到实体展会运营中，为展会服务，提升运营效率和管理水平，提高展会品质，增加展会的丰富程度，实现优势互补。

(2)充分运用大数据技术，为客商提供精准服务。企业运用大数据技术，为参展客商提供更精准的服务，建立大数据平台中心。组展商运用云技术储存庞大的数据，使用人工智能和机器学习等算法，对大数据进行挖掘和分析处理，实现组展商同其他会展参与者的数据共享，从而构建大服务体系，打破以往的数据孤岛现象，并为参展商和采购商提供更合理的参展流程，在服务流程中减少冗余环节，并且整合流程中的资源。组展商为参展客商提供更有针对性的服务，并且构建更合理的展品查询平台，在参展商和采购商的网上贸易撮合中提高准确度。组展商可以更准确地把握参展客商的行为轨迹，对参展商的需求提供有针对性的服务，如产品信息推送和展位精确导航。

2. 注重品牌化建设，探索展览业发展新模式

企业要重视商业模式创新，构建一个协同共生的展览生态系统。随着会展 2.0 时代来临，线下会展与线上活动融合，企业需要把线下客户资源向线上跃迁，并与其他玩家、设计者、体验者互动，构筑品牌展会的自有平台，聚合出一个线上贸易社区。充分利用全媒体宣传平台，塑造良好品牌形象，提高知晓度和扩大其传播范围。传统展会进行商业模式创新，要运用新技术，与通信、传媒等产业融合发展，实现全渠道营销，升级产品。

在政府和行业扶持下，站在风口上，培育双线发展的品牌展览项目，推动互联网与展览业的融合。依托产业特色和地域优势，借助大数据、互联网等先进技术，深挖客户需求，对参展商、组展商和观众三者的关系进行重新定义。做到线下体验线上消费、线上配对线下接洽。运用新技术，做到线下行为线上数字化，线上服务线下有形化，线上线下流量、体验完全双向交织（王雷，2018）。

3. 展馆建设信息化和智慧化

推进会展场馆信息化建设，加大智能化会展设施研发和应用力度，合理开发、利用手机移动客户端和信息化平台，将为线下展会的客商管理、营销服务奠定良好基础。随着软硬件设施信息化程度的提高，线上功能将得到更为充分的开发，信息传输的安全性将得到更为充分的保障。不断完

善集成买家检索分析系统、对口观众信息发布、客户关系管理、在线配对买卖服务、现场跟踪、后期数据挖掘、智能化设备管理等功能。

"互联网+展览"的推进以移动互联技术、3D虚拟技术、现代影像技术和即时通信技术的有效利用为前提，以智慧化设施为保障。利用手机移动客户端和展馆内智能设备，充分保障信息的安全。将人工智能运用到展馆设施中，强化宣传、推广、引流作用。应用最新二维码签到、移动互联网LBS、人脸识别技术，提供给参展商和观众更好的服务体验。

4. 加强展览数字化人才的培养

互联网与展览业的融合必然伴随着对技术的进一步应用，懂计算机的人不懂展览，懂展览的人不懂计算机。未来如何借助一些小程序帮助买方和参展商配对，如何更有效地使用和分析展会数据，如何开展精准的推送和营销推广等，都需要培养和提拔展览的数字化人才。此外，展览行业人才也需要思考自身的转型，例如，境外展览几乎处于停滞状态，这些展览人才在这样的危机下其实可以思考如何转型，更好地促进危机过后展览业发展。

（二）行业层面

行业协会充分发挥平台作用，帮助落实政府政策，扶持企业发展，推动产业升级。发挥牵头作用，推动"互联网+展览"的融合发展，助力展览企业商业模式升级，颠覆传统会展模式，发展新业态。

1. 丰富行业协会的平台功能，整合展览产业链资源

行业协会充分发挥平台的作用，建立行业大数据库，综合运用互联网、云计算、大数据等先进技术，完成会展数据的筛选、运用与展示，提高数据的真实可靠程度，设立全省大数据交易服务平台。以大数据为基础，确立切实可行的数据采集机制。任宁、陈思宇（2015）认为，应建设完

善各行业主题数据库，合法进行社会化利用。整合全行业的服务资源，致力于从源头上解决信息不对称、服务碎片化、缺乏交易担保的行业顽疾。

行业协会充分整合全行业的服务资源，加快产业集群速度。促成同行业、同领域的展会资源整合，完善产业链。减少展会产品同质化现象，把相似的展会在线上整合，推动供给侧结构性改革，形成良性互动，形成网络展会集群，促进行业发展。

2. 发挥行业协会的牵头作用，推动展览企业数字化升级

为会展企业和互联网大厂的合作牵线搭桥，促进产业升级。整合行业资源与信息，将大数据和智能化应用作为行业创新升级的新动能，打造统一的线上展览服务平台软件，或将展览服务平台融入微信、支付宝等互联网生态圈，有力推动业态模式和管理服务创新。

平台利用资源整合优势，将单个企业的资源优势集聚为全行业的资源优势。帮助寻求智慧化升级的展馆前线，需要合适的技术支撑，发挥平台力量，联动科技企业，提高展馆和科技企业的合作效率。

3. 成立互联网展览融合协会，推动“互联网+展览”的标准化建设

成立“互联网展览融合协会”，促进线上线下融合办展标准化、规范化。加快落实《关于创新展会服务模式培育展览业发展新动能有关工作的通知》，提高适用于会展需求的数字大平台的搭建速度，丰富会展产业运营。当前，“互联网+展览”仍处于起步阶段，成立互联网展览融合协会，能够推动智慧会展的标准化研制进程，针对细分领域进行多维、深度研究，推动智慧会展产业标准化，提高“互联网+展览”产业化水平。

（三）政府层面

政府要加大扶持力度，从国家层面由上到下积极推进展览业创新与发展，推动理念升级、模式创新，加快“互联网+展览”发展速度。

1. 继续加大对展览企业数字化转型的政策扶持力度

政府应该强调互联网产业与展览业融合发展的必要性、重要性。在组织有关部门对互联网产业与展览业融合发展进行论证后，安排专家团队制定操作性强的发展规划，出台对发展互联网展览的引导性意见，促进展览业主体的成长。制定和落实全面、多层次的配套激励政策，营造展览数字化转型氛围，激发展览企业创新活力。给予政策支持，帮扶展览项目，助力从“传统展会”到“云展会”的转型，发展培育品牌“互联网+展览”项目。鼓励展览中心城市加强交流与合作，规划展览的专业项目分布，联合起来培育各具特色的品牌展览项目，促进共同发展。同时，鼓励支持各地因地制宜制定细化线上线下展会扶持的举措。鼓励各地积极出台展览业专项支持政策，发挥地方财政资金和相关产业引导基金作用，支持展览业尽快转型升级。统筹监管资源，夯实属地监管，做好展会事中事后监管。

2. 完善互联网展览的监督监管体制和安全保障制度

政府应制定法律法规，推动互联网展览相关行为准则的出台，规范互联网展览行为，以此助力互联网展览业进一步发展。适度下放互联网展览审核权利，实行“谁审核，谁负责”原则，提高审核效率，缩短从策展到办展的审核流程，让举办互联网展览变得更严谨、更便捷。为保障云展会的数据安全，设置专门的部门监管互联网会展公司的展览数据。安排专门的机构定期进行会展公司安全数据安全指导和安全测评，防范黑客入侵、网络攻击、非法远程控制、网络病毒等网络安全问题。各地展馆统筹做好展会排期、信息公布及预警疏导。积极协调公安、市场监管、海关、卫生防疫等部门，提升审批效率。发挥中介组织作用，支持行业商会、协会与展览企业联合办展，及时为企业传递信息，反映诉求，提供法律支持和咨询等服务。适时将公共卫生纳入会展活动备案和评估的重要范畴。

3. 加大对展览产业链中关键企业的扶持力度，进行精准扶持

中央财政拨款专项资金，对互联网展览企业以及寻求转型的传统展览

企业进行精准扶持。扶持惠及这些企业后，新技术、新产品、新商业模式可以通过展览项目高效率传导到产业上下游，推动产业升级。专款专用，明确资金使用标准，给予符合条件的企业分段补助、增量奖励，鼓励云展会的筹办，推动各类专业化会展线上线下融合发展，推进智能化会展场馆建设。叶倩倩(2020)认为，政策要兼顾企业发展的多样性，从供给、需求、环境三个方面进行考量，开展有区分的扶持。地方政府支持和鼓励有意愿的重点行业协会起到带头作用，率先举办线上展会。

参考文献

[1] Amit R, Zott C. Creating Value through Business Model Innovation [J]. Mit Sloan Management Review, 2012, 53(3):41-49.

[2] Amit R, Zott C. Value creation in e-business [J]. Strategic Management Journal, 2001, 22(6/7):493-520.

[3] AMR International. AMR Insights Exhibition 2.0 [R]. America: AMR International, 2018.

[4] Aspara J, Hietanen J, Tikkanen H. Business Model Innovation vs Replication: Financial Performance Implications of Strategic Emphases [J]. Journal of Strategic Marketing, 2010, 18(1):39-56.

[5] Augier M, Teece D J. Dynamic capabilities and the role of managers in business strategy and economic performance [J]. Organization Science, 2001, 20(2): 410-421.

[6] Bauer T, Law R, Tse T, et al. Motivation and Satisfaction of Megabusiness Event Attendees: The Case of ITU Telecom World 2006 in Hong Kong [J]. International Journal of Contemporary Hospitality Management, 2008, 20(2):228-234.

[7] Berne C, García-Uceda M. Criteria Involved in Evaluation of Trade Shows to Visit [J]. Industrial Marketing Management, 2008, 37(5):565-579.

[8] Bocken N M P, Short S W, Rana P, et al. A Literature and Practice

Review to Develop Sustainable Business Model Archetypes [J]. Journal of Cleaner Production, 2014, 65(15):42-56.

[9] Bohnsack R, Pinkse J, Kolk A. Business Models for Sustainable Technologies: Exploring Business Model Evolution in the Case of Electric Vehicles [J]. Research Policy, 2014, 43(2):284-300.

[10] Boulos M, Hetherington K, Wheeler S. Second Life: An Overview of the Potential of 3-D Virtual Worlds in Medical and Health Education [J]. Health Information and Libraries Journal, 2007, 24(4):233-245.

[11] Bouncken R B, Fredrich V. Good Fences Make Good Neighbors? Directions and Safeguards in Alliances on Business Model Innovation [J]. Journal of Business Research, 2016, 69(11):5196-5202.

[12] Bucherer E, Eisert U, Gassmann O. Towards Systematic Business Model Innovation: Lessons from Product Innovation Management [J]. Creativity and Innovation Management, 2012, 21(2):183-198.

[13] Bulger M, Taylor G, Schroeder R. Data-Driven Business Models: Challenges and Opportunities of Big Data [R]. Oxford Internet Institute. Research Councils UK: NEMODE, New Economic Models in the Digital Economy, 2014.

[14] Casadesus-Masanell R, Ricart J E. From Strategy to Business Models and onto Tactics [J]. Long Range Planning, 2010, 43(2-3):195-215.

[15] Cavalcante S, Kesting P, Ulhøi J. Business Model Dynamics and Innovation: (re)Establishing the Missing Linkages [J]. Management Decision, 2011, 49(8):1327-1342.

[16] Chen Y F, Mo H E. Attendees' Perspectives on the Service Quality of an Exhibition Organizer: A Case Study of a Tourism Exhibition [J]. Tourism Management Perspectives, 2012, 1(1):28-33.

[17] Chesbrough H, Lettl C, Ritter T. Value Creation and Value Capture in Open Innovation [J]. Journal of Product Innovation Management,

2018, 35(6):930-938.

[18] Chesbrough H. Open Business Model: How to Thrive in the New Innovation Landscape [M]. Boston, MA: Harvard Business School Press, 2006.

[19] Chongwatpol J. Integration of RFID and Business Analytics for Trade Show Exhibitors [J]. European Journal of Operational Research, 2015, 244(2): 662-673.

[20] Christensen C M, McDonald R, Altman E J, et al. Disruptive Innovation: An Intellectual History and Directions for Future Research [J]. Journal of Management Studies, 2018, 55(7):1043-1078.

[21] Curtis S K, Mont O. Sharing Economy Business Models for Sustainability [J]. Journal of Cleaner Production, 2020, 266:121519.

[22] David J T. Business Models and Dynamic Capabilities [J]. Long Range Planning, 2018(51):40-49.

[23] Dekimpe M G, Francois P, Gopalakrishna S, et al. Generalizing about Trade Show Effectiveness: A Cross-National Comparison [J]. The Journal of Marketing, 1997, 61(4):55-64.

[24] Demizu H, Harano Y, Hirata M, et al. New Approach to Product Development Based on Service Design Process: Next - Generation Event Management Solution "EXBOARD" [J]. Fujitsu Scientific and Technical Journal, 2018, 54(1):52-57.

[25] Doz Y L, Kosonen M. Embedding Strategic Agility: A Leadership Agenda for Accelerating Business Model Renewal [J]. Long Range Planning, 2010, 43(2/3):370-382.

[26] Dunford R, Palmer I, Benveniste J. Business Model Replication for Early and Rapid Internationalisation: The ING Direct Experience [J]. Long Range Planning, 2010, 43(5/6):655-674.

[27] Eisenhardt K M, Graebner M E, Sonenshein S. Grand Challenges and Inductive Methods: Rigor without Rigor Mortis [J]. Academy of Management

Journal, 2016, 59(4):1113-1123.

[28] Eisenhardt K M, Graebner M E. Theory Building from Cases: Opportunities and Challenges [J]. Academy of Management Journal, 2007, 50(1):25-32.

[29] Eisenhardt K M. Building Theories from Case Study Research [J]. Academy of Management Review, 1989, 14(4):532-550.

[30] Filippov S. Data-Driven Business Model: Powering Startups in the Digital Age [J]. European Digital Forum, 2014(1):1-33.

[31] Foss N J, Saebi T. Fifteen Years of Research on Business Model Innovation: How Far have we Come, and where Should we Go? [J]. Journal of management, 2017, 43(1): 200-227.

[32] Foster C F, Taylor J, Demaine J, et al. INUIT3D: An Interactive Virtual 3D Web Exhibition [J]. 2002.

[33] Foster R N. Working The S-Curve: Assessing Technological threats [J]. Research Management Management, 1986, 29(4):17-20.

[34] Frankenberger K, Weiblen T, Gassmann O. The Antecedents of Open Business Models: An Exploratory Study Ofincumbent Firms [J]. R&D Management, 2014, 44(2):173-188.

[35] Friedman F J. The Modern Digital Tradeshow [EB/OL]. [2021-12-15]. www. moderndigitaltradeshow. com.

[36] Geissdoerfer M, Vladimirova D, Evans S. Sustainable Business Model Innovation: A Review [J]. Journal of Cleaner Production, 2018, 198: 401-416.

[37] Gerum E, Sjurts I, Stieglitz N. Industry Convergence and the Transformation of the Mobile Communications System of Innovation [C] //ITS 15th Biennial Conference, Berlin, Germany. 2004.

[38] Giesen E, Berman S J, Bell R, et al. Three Ways to Successfully Innovate Your Business Model [J]. Strategy and Leadership, 2007, 35(6): 27-33.

[39] Gopalakrishna S, Malthouse E C, Lawrence J M . Managing Customer Engagement at Trade Shows [J]. Industrial Marketing Management, 2019(81): 99-114

[40] Hacklin F, Raurich V, Merxt C. Implications of Technological Convergence on Innovation Trajectories: The Case of Ict Industry [J]. International Journal of Innovation and Technoilogy Manangement, 2005, 02. DOI: 10. 1142/S0219877005000526.

[41] Hansen K. Measuring Performance at Trade Shows Scale Development and Validation [J]. Journal of Business Research, 2004, 57(1):1-13.

[42] Harvey M G. Application of Technology Life Cycles technology life cycles to Technology Transfers [J]. Journal of Business Strategy, 1984, 5(2): 51-58.

[43] Heckmann S D. Trade Shows in Transition [M] //Kirchgeorg M, Giese W, Dornscheidt W. Trade Show Management: Planning, Implementing and Controlling of Trade Shows, Conventions and Events. Gabler , Wiesbaden, 2005.

[44] Hock M, Clauss T, Schulz E. The Impact of Organizational Culture on a Firm's Capability to Innovate the Business Model [J]. R&D Management, 2016, 46(3):433-450.

[45] Itami H, Nishino K. Killing Two Birds with One Stone: Profit for Now and Learning for the Future [J]. Long Range Planning, 2010, 43(2/3): 364-369.

[46] Jin X, Weber K, Bauer T. Relationship Quality between Exhibitors and Organizers: A Perspective from Mainland China's Exhibition Industry [J]. International Journal of Hospitality Management, 2012, 31(4):1222-1234.

[47] Jin X, Weber K. Developing and Testing a Model of Exhibition Brand Preference: The Exhibitors' Perspective [J]. Tourism Management, 2013 (38): 94-104.

[48] Johnson M W, Christensen C M, Kagermann H. Reinventing your Business Model [J]. Harvard Business Review, 2008, 86(12):57-68.

[49] Keen P, Williams R. Value Architectures for Digital Business: Beyond the Business Model [J]. Mis Quarterly, 2013, 37(2):643-647.

[50] Khanagha S, Volberda H, Oshri I. Business Model Renewal and Ambidexterity: Structural Alteration and Strategy Formation Process during Transition to a Cloud Business Model [J]. R & D Management, 2014, 44(3):322-340.

[51] Lambert S C, Davidson R A. Applications of the Business Model in Studies of Enterprise Success, Innovation and Classification: An Analysis of Empirical Research from 1996 to 2010 [J]. European Management Journal, 2013, 31 (6) : 668-681.

[52] Lecocq X, Demil B, Ventura J. Business Models as a Research Program in Strategic Management: An Appraisal based on Lakatos [J]. Management, 2010, 13(4):214-225.

[53] Ling-Yee L. Marketing Resources and Performance of Exhibitor Firms in Trade Shows: A Contingent Resource Perspective [J]. Industrial Marketing Management, 2007, 36(3):360-370.

[54] Luo Q. Trade Show Operation Models: Characteristics, Process, and Effectiveness - Cases from Dongguan [J]. Journal of China Tourism Research, 2007, 3 (3/4):478-508.

[55] Magistretti S, Dell'Era C, Verganti R. Searching for the Right Application: A Technology Development Review and Research Agenda [J]. Technological Forecasting and Social Change, 2020, 151: 119879.

[56] Massa L, Tucci C L. Business Model Innovation [J]. The Oxford Handbook of Innovation Management, 2013, 20(18):420-441.

[57] Mcdonald R M, Eisenhardt K M. Parallel Play: Startups, Nascent Markets, and Effective Business-model Design [J]. Administrative Science

Quarterly, 2019, 65(2):483-523.

[58] Mezger F. Toward a Capability-Based Conceptualization of Business Model Innovation: Insights from an Explorative Study [J]. R&D Management, 2014, 44(5):429-449.

[59] Mitchell D W, Coles C B. Business Model Innovation Breakthrough Moves [J]. The Journal of Business Strategy, 2004, 25(1):16-26.

[60] Morgan R M, Hunt S D. The Commitment - Trust Theory of Relationship Marketing [J]. Journal of Marketing, 1994, 58(3):20-38.

[61] Morris M H, Shirokova G, Shatalov A. The Business Model and Firm Performance: The Case of Russian Food Service Ventures [J]. Journal of Small Business Management, 2013, 51(1):46-65.

[62] Morris M, Schindehutte M, Allen J. The Entrepreneur's Business Model: Toward a Unified Perspective [J]. Journal of Business Research, 2005, 58(6):726-735.

[63] Nayak J K , Bhalla N . Factors Motivating Visitors for Attending Handicraft Exhibitions: Special Reference to Uttarakhand, India [J]. Tourism Management Perspectives, 2016(20):238-245.

[64] Osterwalder A, Pigneur Y, Tucci C L. Clarifying Business Models: Origins, Present, and Future of the Concept [J]. Communications of the Association for Information Systems, 2005, 16(1):1.

[65] Osterwalder A, Pigneur Y. Business Model Generation [M]. Amsterdam: Privately Published, 2009.

[66] Osterwalder A. Designing Business Models and Similar Strategic Objects: The Contribution of IS [J]. Journal of The Association for Information Systems, 2013, 14(5):237- 244.

[67] Panosd M. Profiting from Business Model Innovation: Evidence from Pay-As-You-Drive Auto Insurance [J]. Research Policy, 2013, 42(1):101-116.

[68] Peleg M, Corradini M G, Normand M D. The Logistic (Verhulst) Model for Sigmoid Microbial Growth Curves Revisited [J]. Food Research International, 2007, 40(7):808-818.

[69] Ranxuan K, Guojun P, Xiaoqin W. Further Research of RFID Applying on Exhibition Logistics [C] //2008 International Conference on Cyberworlds. IEEE, 2008: 631-634.

[70] Rashid A , Asif F , Krajnik P, et al. Resource Conservative Manufacturing: An Essential Change in Business and Technology Paradigm for Sustainable Manufacturing [J]. Journal of Cleaner Production, 2013, 57(15): 166-177.

[71] Richardson M. Patents and Exhibitions [J]. Journal of World Intellectual Property, 2010, 12(5):402-421.

[72] Ritala P, Golnam A, Wegmann A. Coopetition-Based Business Models: The Case of Amazon. com [J]. Industrial Marketing Management, 2014, 43(2):236-249.

[73] Rosson P J, Seringhaus F R. Visitor and Exhibitor Interaction at Industrial Trade Fairs [J]. Journal of Business Research, 1995, 32(1): 81-90.

[74] Samij G. Using a Grounded Theory Approach for Exploring Software Product Management Challenges [J]. Journal of Systems and Software, 2014, 95(9):32-51.

[75] Schneckenberg D, Velamuri V K, Comberg C, et al. Business Model Innovation and Decision Making: Uncovering Mechanisms for Coping with Uncertainty [J]. R&D Management, 2017, 47(3):404-419.

[76] Schon O. Business Model Modularity - A Way to Gain Strategic Flexibility? [J]. Controlling and Management, 2012, 56(2):73-78.

[77] Shoham A. Selecting and Evaluating Trade Shows [J]. Industrial Marketing Management, 1992, 21(4):335-341.

[78] Sinkovics N, Sinkovics R R, Yamin M. The Role of Social Value Creation in Business Model Formulation at the Bottom of the Pyramid – Implications for MNEs? [J]. International Business Review, 2014, 23(4): 692-707.

[79] Sjödin D, Parida V, Jovanovic M, et al. Value Creation and Value Capture Alignment in Business Model Innovation: A Process View on Outcome-Based Business Models [J]. Journal of Product Innovation Management, 2020, 37(2):158-183.

[80] Smith T M, Hama K, Smith P. The Effect of Successful Trade Show Attendance on Future Show Interest: Exploring Japanese Attendee Perspectives of Domestic and Offshore International Events [J]. The Journal of Business and Industrial Marketing, 2003, 18(4/5):403-418.

[81] Snihur Y, Zott C, Amit R. Managing the Value Appropriation Dilemma in Business Model Innovation [J]. Strategy Science, 2021, 6(1):22-38.

[82] Sosna M, Trevinyo-Rodríguez R N, Velamuri S R. Business Model Innovation Throughtrial-and-Error Learning: The Naturhouse Case [J]. Long Range Planning, 2010, 43(2/3):383-407.

[83] Stoeck N, Schraudy K. From Trade Show Company to Integrated Communication Service Provider [M] //Kirchgeorg M. Trade Show Management: Planning, Implementing and Controlling of Trade Shows, Conventions and Events. Gabler, Wiesbaden, 2005: 199-210.

[84] Tanner J F, Chonko L B, Ponzurick T V. A Learning Model of Trade Show Attendance [J]. Journal of Convention and Exhibition Management, 2001, 3(3):3-24.

[85] Tanner J F. Leveling the Playing Field: Factors Influencing Trade Show Success for Small Companies [J]. Industrial Marketing Management, 2002, 31 (3):229-239.

[86] Teece D J. Business Models and Dynamic Capabilities [J]. Long

Range Planning, 2018, 51(1):40-49.

[87] Teece D J. Business Models, Business Strategy and Innovation [J]. Long Range Planning, 2009, 43(2):172-194.

[88] Truong Y , Klink R R , Fort-Rioche L, et al. Consumer Response to Product Form in Technology - Based Industries [J]. Journal of Product Innovation Management, 2014, 31(4):867-876.

[89] Tseng F M, Hsieh C H, Peng Y N, et al. Using Patent Data Patent Data to Analyze Trends and the Technological Strategies of the Amorphous silicon thin-film Solar Cell Industry [J]. Technological Forecasting and Social Change, 2011, 78(2):332-345.

[90] Velu C, Jacob A. Business Model Innovation and Owner-Managers: The Moderating Role of Competition [J]. R&D Management, 2016, 46(3): 451-463.

[91] Velu C. Business Model Innovation and Third-Party Alliance on the Survival of New Firms [J]. Technovation, 2015, 35:1-11.

[92] Winterhalter S, Wecht C H, Krieg L. Keeping Reins on the Sharing Economy: Strategies and Business Models for Incumbents [J]. Marketing Review St. Gallen, 2015, 32(4):32-39.

[93] Wong J W C, Lai I K W. Evaluating Value Co-Creation Activities in Exhibitions: An Impact - Asymmetry Analysis [J]. International Journal of Hospitality Management, 2018(72):118-131.

[94] Yin R K. Case Study Research: Design and Methods [M]. London: Sage Publications, 2013.

[95] Yoffie D B. Competing in the Age of Digital Convergence [J]. California Management Review, 1996, 38(4):31.

[96] Zott C, Amit R. Business Model Design: An Activity System Perspective [J]. Long Range Planning, 2010, 43(2/3):216-226.

[97] Zott C, Amit R, Massa L. The Business Model: Recent Developments

and Future Research [J]. Journal of Management, 2011, 37(4):1019-1042.

[98] Zott C, Amit R. Value Creation in E - Business [J]. Strategic Management Journal, 2001, 22(6/7):493-520.

[99] Şimşek T, Öner M A, KundayÖ, et al. A Journey towards a Digital Platform Business Model: A Case Study in a Global Tech - Company [J]. Technological Forecasting and Social Change, 2022, 175:121372.

[100] 包富华，李玲，郑秋婵. 互联网旅游企业商业模式分析研究：以携程旅行服务公司为例 [J]. 生态经济，2013(3):156-159,165.

[101] 毕明亮，王钰婷，周桐，等. 浅谈产业融合与现代农业 [J]. 林业勘查设计，2017(1):36-38.

[102] 曹博，邱丽娟."互联网+"背景下企业会展营销策略优化分析 [J]. 商业文化，2021(31):47-48.

[103] 曹禺. 科技型小微企业商业模式创新影响因素研究 [D]. 西安：西安电子科技大学，2014.

[104] 陈弘浩，陈弘浩的食材互动营销"展览主办方做线上展览，你可能还没意识到你需要'跨界'" [EB/OL]. (2020-03-30). https://mp. weixin. qq. com/s/rblabM2pPVyZ536r4d0xzQ.

[105] 陈劲，陈钰芬. 企业技术创新绩效评价指标体系研究 [J]. 科学学与科学技术管理，2006(3):86-91.

[106] 陈劲，杨洋，于君博. 商业模式创新研究综述与展望 [J]. 软科学，2022，36(4):1-7.

[107] 陈威如，余卓轩. 平台战略：正在席卷全球的商业模式革命 [M]. 北京：中信出版社，2013.

[108] 陈伟豪. 基于互联网技术的智能展台设计研究 [D]. 上海：东华大学，2017.

[109] 陈燕，黄迎燕，方建国，等. 专利信息采集与分析 [M]. 北京：清华大学出版社，2006.

[110] 陈阳，牟岚，张会会，等. 社区健康质量测评指标体系研究 [J].

中国卫生质量管理，2015，22(3):74-76.

[111] 成文，王迎军，高嘉勇，等．商业模式理论演化述评［J］. 管理学报，2014，11(3):462-468.

[112] 程炜．商业模式创新研究综述［J］. 价值工程，2019，38(23):287-289.

[113] 陈先进．疫情下的思考［EB/OL］.［2020-04-22］. http://www.sceia.org/news/News-del-287.html.

[114] 程雪军，尹振涛．互联网消费金融创新发展与监管探析［J］. 财会月刊，2020(3):147-153.

[115] 戴克清，苏振，黄润．“互联网+”驱动中国旅游产业创新的效率研究［J］. 华东经济管理，2019，33(7):87-93.

[116] 邓莹．亚马逊与阿里巴巴 B2C 跨境电商平台商业模式的比较研究［D］. 兰州:兰州财经大学，2019.

[117] 丁险林．线下零售互联网化新趋势：兼论“无人零售”的运营模式［J］. 商业经济研究，2019(1):86-89.

[118] 董洁林，陈娟．互联网时代制造商如何重塑与用户的关系：基于小米商业模式的案例研究［J］. 中国软科学，2015(8):22-33.

[119] 杜柯籽，马一鸣，易宏．大数据背景下精准推荐系统在农业会展中的应用：以云南省农业会展为例［J］. 商展经济，2021(21):16-19.

[120] 段美珍，初景利，张冬荣，等．智慧图书馆建设评价指标体系构建与解析［J］. 图书情报工作，2021，65(14):30-39.

[121] 方曦，吴冰倩，熊焰．基于专利指标法和 S 曲线的门禁系统安全技术生命周期研究［J］. 科技管理研究，2019，39(15):130-136.

[122] 高柯夫，孙宏彬，王楠，等．“互联网+”智能交通发展战略研究［J］. 中国工程科学，2020，22(4):101-105.

[123] 耿松涛，华志兵，王红．新常态下政府主导型展会经营模式转型研究：以海口市为例［J］. 现代管理科学，2015(12):82-84.

[124] 龚炳铮．智能制造企业评价指标及评估方法的探讨［J］. 电子

技术应用，2015，41(11):6-8.

［125］龚丽敏，魏江，董忆，等．商业模式研究现状和流派识别：基于1997—2010年SSCI引用情况的分析［J］．管理评论，2013，25(6)：131-140.

［126］桂颖．“互联网+”会展：创新发展模式初探［J］．现代营销(信息版)，2020(7):1-3.

［127］郭全中．互联网对文化创新的影响机制研究［J］．新闻爱好者，2021(3):32-35.

［128］郝身永．“互联网+”商业模式的多重竞争优势研究［J］．经济问题探索，2015(9):41-44.

［129］何会文，崔连广，王晶．互动视角的企业参展绩效影响机理研究：兼论非典型观众的价值与贡献［J］．南开管理评论，2014，17(3)：142-151.

［130］何会文，赵翊．参展商互动行为对参展绩效影响的实证研究［J］．旅游论坛，2015，8(3):22-27.

［131］侯赟慧，杨琛珠．网络平台商务生态系统商业模式选择策略研究［J］．软科学，2015，29(11):30-34.

［132］胡宝亮．开展内部控制自我评价之浅见［J］．经济研究导刊，2013(8):131-132.

［133］胡金星．产业融合的内在机制研究［D］．上海：复旦大学，2007.

［134］胡静．会展利益相关者的构成及其关系分析［J］．青年科学：教师版，2013，34(6):228-229.

［135］黄楚新，王丹．“互联网+”意味着什么：对“互联网+”的深层认识［J］．新闻与写作，2015(5):5-9.

［136］黄芙蓉．“互联网+”文化产业发展的对策与模式创新［J］．统计与决策，2015(24):158-161.

［137］黄柯，祝建军．多类型“互联网+”物流创新平台的商业模式比

较研究［J］. 中国流通经济，2019，33(8)：22-33.

［138］黄月．会展业的服务供应链研究与信息系统设计［D］. 上海：复旦大学，2009.

［139］纪慧生，陆强，王红卫．基于价值的互联网商业模式设计［J］. 北京邮电大学学报(社会科学版)，2010，12(3)：48-55.

［140］贾岷江，甘霞，练红宇．交易型展览创新功能的理论研究动向［J］. 世界地理研究，2019，28(4)：166-175.

［141］贾岷江，万春林，廖涛．"互联网+"时代我国展览的转型升级：从贸易到创新［J］. 成都大学学报(社会科学版)，2017(2)：21-26.

［142］贾星宇．大连市三网融合发展研究［D］. 大连：大连理工大学，2014.

［143］江积海，李琴．平台型商业模式创新中连接属性影响价值共创的内在机理：Airbnb 的案例研究［J］. 管理评论，2016，28(7)：252-260.

［144］江积海，王烽权．O2O 商业模式的创新导向：效率还是价值?：基于 O2O 创业失败样本的实证研究［J］. 中国管理科学，2019，27(4)：56-69.

［145］姜超．智慧会展趋势下的商业会展设计研究［D］. 南京：南京林业大学，2016.

［146］姜启波，谭清美，尹君．"互联网+"创新驱动制造业发展研究［J］. 科技管理研究，2019，39(19)：177-182.

［147］姜雪峰．线上线下融合办展，探索展会发展新模式［J］. 中国会展，2020(9)：73-75.

［148］蒋天骎．展会+互联网：探索新型营销宣传手段，创新展会服务模式［J］. 中国会展，2020(11)：56-59.

［149］解姣姣．展览项目服务流程再造研究［D］. 青岛：中国海洋大学，2013.

［150］李春燕，黄斌．利用 S 曲线法判断 3D 打印工艺技术生命周期［J］. 科技与经济，2017，30(2)：91-95.

［151］李春燕．基于技术生命周期的专利组合分析研究［D］．北京：中国科学院文献情报中心，2009.

［152］李春燕．基于专利信息分析的技术生命周期判断方法［J］．现代情报，2012(2):98-101.

［153］李菲菲，田剑．在线旅游企业商业模式创新动力因素实证研究［J］．中国流通经济，2017，31(12):14-23.

［154］李海舰，冯丽．企业价值来源及其理论研究［J］．中国工业经济，2004(3):52-60.

［155］李明伟．“互联网+”发展的动力和关键要素研究［J］．技术经济与管理研究，2016(10):65-69.

［156］李然，王荣．实体商业创新转型下的“新零售”运营模式深度研究［J］．管理现代化，2020，40(1):93-96，120.

［157］李思怡，陈国庆．基于“互联网+”视域下后疫情时期会展业转型升级路径探讨［J］．商展经济，2020(4):1-4.

［158］李维安，陈春花，张新民，等．面对重大突发公共卫生事件的治理机制建设与危机管理：“应对新冠肺炎疫情”专家笔谈［J］．经济管理，2020，42(3):8-20.

［159］李文莲，夏健明．基于“大数据”的商业模式创新［J］．中国工业经济，2013(5):83-95.

［160］李小妹．创新 2.0 论域中多元创新主体的功能性与协同性［J］．领导科学，2015(17):37-39.

［161］李晓华．“互联网+”改造传统产业的理论基础［J］．经济纵横，2016(3):57-63.

［162］李莹．数字媒体技术影响下的展览建筑空间设计研究［J］．居舍，2019(8):186.

［163］李展帆．浅谈多媒体技术在博物馆陈列展览中的作用［J］．文物鉴定与鉴赏，2020(4):151.

［164］李知矫．“后疫情时代”会展业将发生哪些变化？［J］．中国会

展，2020(9):28-37.

［165］廖重斌．环境与经济协调发展的定量评判及其分类体系：以珠江三角洲城市群为例［J］．热带地理，1999(2):76-82.

［166］林莉芳．美国互联网供应链金融管理及对我国的启示［J］．商业经济研究，2018(20):158-161.

［167］林舜杰．会展BEN．展览的商业形态将发生重大变化［EB/OL］．(2020-07-16). https：//mp. weixin. qq. com/s/Ne1a0oNznMRESvVA_ yv-Ng.

［168］刘海莹．产业互联网：会展企业的正果修行之路［J］．中国会展，2016(10):11.

［169］刘建刚，马德清，陈昌杰，等．基于扎根理论的“互联网+”商业模式创新路径研究：以滴滴出行为例［J］．软科学，2016，30(7):30-34.

［170］刘林艳，王亦磊．互联网时代组展商如何重塑用户关系：基于ISPO商业模式的案例研究［J］．南开管理评论，2020，23(5):88-99，170.

［171］刘林艳．互联网驱动的展览业商业模式创新［J］．中国流通经济济，2018，32(9):74-84.

［172］刘清扬，刘刚田，朱佳琳，等．线上展会的困境和技术对策研究：2020年至今国内外各大线上展会概况［J］．现代商业，2022(3):66-68.

［173］刘晓坤，任俊革，李维云．搜索引擎与中国知识产权网专利检索比较研究［J］．大学图书情报学刊，2012，30(2):50-52.

［174］刘燕萍．从三大索引收录查证谈科研绩效评估［J］．图书与情报，2004(4):45-48.

［175］刘运国，赖婕，柴源源．互联网商业模式对旅游企业的影响研究：基于途牛旅游网与众信旅游的对比［J］．财会通讯，2021(18):3-12.

［176］鲁迪，缪小明．多层次视角的商业模式创新影响因素元分析研究［J］．科技进步与对策，2018，35(13):93-101.

［177］罗恺，袁晓东．专利互引视角下的企业技术溢出研究：以百度

等人工智能企业为例［J］. 科技和产业，2020，20(11)：16-23.

［178］罗珉，李亮宇. 互联网时代的商业模式创新：价值创造视角［J］. 中国工业经济，2015(1)：95-107.

［179］罗秋菊，保继刚. 参展商参展目的、绩效评估及其相关关系研究：以东莞展览会为例［J］. 旅游科学，2007(5)：57-65.

［180］罗秋菊. 会展概论［M］. 北京：高等教育出版社，2020.

［181］罗秋菊. 专业观众展览会参观动机研究：来自东莞的证据［J］. 暨南学报(哲学社会科学版)，2008(2)：47-52，58，154.

［182］罗作汉，唐英瑜. 新创企业的商业模式创新研究综述与展望：一个整合性分析框架［J］. 科技管理研究，2019，39(2)：209-216.

［183］马述忠，潘钢健. 从跨境电子商务到全球数字贸易：新冠肺炎疫情全球大流行下的再审视［J］. 湖北大学学报(哲学社会科学版)，2020，47(5)：119-132.

［184］马小淳. 交互新媒体技术在展览展示空间中的应用［J］. 卫星电视与宽带多媒体，2020(2)：193-194.

［185］苗军，洪凡，陈慧琪，等. 全球石墨烯技术领域专利计量分析［J］. 新材料产业，2014(1)：42-49.

［186］牛禄青. "互联网+"重新定义会展［J］. 新经济导刊，2017(9)：48-53.

［187］潘杰. 包头市智慧城市与生态城市的耦合协调研究［D］. 包头：内蒙古科技大学，2021.

［188］庞华，张梦恬. 基于顾客企业交互视角的会展业服务创新模型研究［J］. 科技创新导报，2017(2)：251-256.

［189］庞世明，王静. "互联网+"旅行社：商业模式及演变趋势［J］. 旅游学刊，2016，31(6)：10-12.

［190］裴超，孟楠. 科技赋能会议视域下双线融合模式探究［J］. 中国会展(中国会议)，2020(18)：52-57.

［191］钱雨，孙新波. 数字商业模式设计：企业数字化转型与商业模

式创新案例研究［J］. 管理评论，2021，33(11):67-83.

［192］钱志嘉，张瑞雪. 基于顾客价值创造的 O2O 商业模式及其构成要素探讨［J］. 商业经济研究，2021(14):138-141.

［193］乔晗，胡杰，张硕，等. 商业模式创新研究前沿分析与评述：平台生态系统与价值共创［J］. 科技促进发展，2020，16(1):40-49.

［194］邱洪华，龙斌. 基于专利视角的中国动漫产业技术创新态势研究［J］. 情报杂志，2017，36(9):51-57.

［195］邱洪华. 中国体育产业科技成果转化的推进路径：基于有效专利挖掘的视角［J］. 中国体育科技，2017，53(4):138-145.

［196］裘泽宇. 从传统集市到现代展览，中国会展业植入"互联网"基因，探索"OAO 模式"产业升级［EB/OL］.（2008-01-08）. https://mp.weixin.qq.com/s/nUL65oufjE-MFu1DXQHdlg.

［197］任宁，陈思宇. 我国智慧会展的发展现状与对策研究［J］. 现代经济信息，2015(18):333-335.

［198］施德群."互联网+"时代背景下对会展服务创新途径的思考［J］. 管理观察，2019(35):72-73，77.

［199］眭海霞，诸丹，岳培宇，等. 后疫情时代"线上展会"对成都建设国际会展之都的经验启示：以第 127 届广交会为例［J］. 成都大学学报(社会科学版)，2020(6):36-42.

［200］唐琥梅，王冬梅. UFI 国际认证背景下大连市展会评价体系构建思路分析［J］. 现代商贸工业，2021，42(23):30-33.

［201］田灿. 后疫情时代展览会 O2O2O 商业模式研究［J］. 商展经济，2021(23):10-13.

［202］田永兰. 京津冀文旅融合：测度、驱动力及提升对策研究［D］. 北京：北京交通大学，2021.

［203］万书瑶. 两业融合对制造业绩效的影响研究［D］. 杭州：浙江工商大学，2022.

［204］王博，刘则渊，刘盛博. 我国新能源汽车产业技术标准演进路

径研究［J］. 科研管理，2020，41(3):12-22.

［205］王丹. 产业融合背景下的企业并购研究［D］. 上海：上海社会科学院，2008.

［206］王芳."互联网+"商业模式创新发展趋势分析［J］. 商业经济研究，2018(20):19-21.

［207］王佳. 制造业信息化评价指标体系研究［D］. 天津：天津大学，2007.

［208］王雷. OMO：会展业双线融合新思考［J］. 中国会展，2018(9):72-74.

［209］王磊，种璺天，谭清美."互联网+"驱动产业创新机制及商业模式研究［J］. 科技管理研究，2020，40(16):1-7.

［210］王娜. 基于互联网的平台型企业商业模式创新研究述评［J］. 科技进步与对策，2016，33(22):156-160.

［211］王琴. 基于价值网络重构的企业商业模式创新［J］. 中国工业经济，2011(1):79-88.

［212］王文姬，李洁."互联网+"时代对会展业转型升级的思考［J］. 今传媒，2015(12):121-122.

［213］王鑫鑫，王宗军. 国外商业模式创新研究综述［J］. 外国经济与管理，2009，31(12):33-38.

［214］王旭娜，谭清美. 互联网背景下平台型商业模式价值创造分析［J］. 科研管理，2021，42(11):34-42.

［215］王学昭，赵亚娟，张静. 专利法律状态信息组合分析研究［J］. 图书情报工作，2013，57(2):81-84.

［216］王雪冬，董大海. 商业模式创新概念研究述评与展望［J］. 外国经济与管理，2013，35(11):29-36

［217］王赟. 信息化约束下的产业融合［D］. 上海：上海社会科学院，2008.

［218］吴琴，巫强."互联网+"驱动传统产业跨界融合的作用机制研

究［J］. 学海，2020(4):163-169.

［219］吴晓波，姚明明，吴朝晖，等. 基于价值网络视角的商业模式分类研究：以现代服务业为例［J］. 浙江大学学报(人文社会科学版)，2014，44(2):64-77.

［220］吴晓波，赵子溢. 商业模式创新的前因问题：研究综述与展望［J］. 外国经济与管理，2017，39(1):114-127.

［221］肖芃. 探析产业融合成长的内在机制［J］. 时代金融，2012(27):292-293.

［222］肖挺. 高管团队特征、制造企业服务创新与绩效［J］. 科研管理，2016，37(11):142.

［223］肖晔，赵林，吴殿廷. 中国会展业与会展教育耦合协调度评价及影响因素［J］. 经济地理，2020，40(3):119-128.

［224］熊国钺，袁婧祎. 互联网平台企业的商业模式成功要素研究［J］. 管理观察，2016(2):72-74.

［225］徐博."云+VR"技术与会展产业的融合模型及机理研究［J］. 山西大同大学学报(自然科学版)，2021，37(4):38-42.

［226］徐国军，刘澄. 多维距离视角的技术创新扩散特征分析［J］. 科技管理研究，2019，39(23):1-7.

［227］薛桂艳."互联网+"视域下的云会展发展及教育实践探析：以第127届"广交会"为例［J］. 吉林省教育学院学报，2021，37(8):164-167.

［228］杨浩磊."互联网共享经济"时代下新零售商业模式研究［J］. 商业经济研究，2018(3):27-29.

［229］杨建利，邢娇阳."互联网+"与农业深度融合研究［J］. 中国农业资源与区划，2016，37(8):191-197.

［230］杨茜婷，周峰越. 交互新媒体技术在展览展示空间的应用［J］. 戏剧之家，2018(35):132.

［231］杨善林，周开乐，张强，等. 互联网的资源观［J］. 管理科学学报，2016，19(1):1-11.

［232］叶明，郭江兰．互联网商业模式创新的政府监管困境与应对［J］．重庆邮电大学学报（社会科学版），2020，32（3）：64-72.

［233］叶倩倩．重大政府展会向“云展会”战略转型研究及对策建议：以“创交会”为例［J］．发展研究，2020（8）：75-84.

［234］叶晓茵，孙锐，林春培．国外商业模式创新研究的学术群类：作者共被引分析［J］．科学学与科学技术管理，2014，35（11）：87-95.

［235］易朝辉，张承龙．科技型小微企业绩效提升的跨层次传导机制：基于大别山地区的多案例研究［J］．南开管理评论，2018，121（4）：28-40.

［236］易慧．湖南省文化产业与旅游产业融合发展研究［D］．长沙：湖南师范大学，2021.

［237］易加斌，谢冬梅，高金微．高新技术企业商业模式创新影响因素实证研究：基于知识视角［J］．科研管理，2015，36（2）：50-59.

［238］于梦瀛，王若弛，田雪梅，等．论展览中的新技术与交互形式［J］．科技创新导报，2015，12（7）：15.

［239］余远洋．大型会展中心管理及运营模式研究［D］．上海：上海工程技术大学，2015.

［240］原磊．商业模式体系重构［J］．中国工业经济，2007（6）：70-79.

［241］曾萍，宋铁波．基于内外因素整合视角的商业模式创新驱动力研究［J］．管理学报，2014，11（7）：989-996.

［242］翟东升，王明吉．专利地图在技术性贸易壁垒预警中的应用［J］．图书与情报，2006（1）：96-98，110.

［243］占莉萍，杨茂盛．互联网企业商业模式的创新：基于大数据分析［J］．企业经济，2018，37（11）：30-36.

［244］占莉萍，杨茂盛．互联网企业商业模式的创新：基于大数据分析［J］．企业经济，2018，37（11）：30-36.

［245］张海锋，张卓．技术生命周期阶段特征指标构建及判定［J］．技术经济，2018，37（2）：108-112.

［246］张建军，赵启兰．新零售驱动下流通供应链商业模式转型升级研究［J］．商业经济与管理，2018(11):5-15.

［247］张捷雷．会展管理实训教程［M］．南京：东南大学出版社，2009.

［248］张静．"互联网+"背景下会展企业新媒体营销策略优化分析［J］．特区经济，2020(12):133-136.

［249］张开丰．制造业企业与互联网融合发展影响因素及其作用机制研究［D］．徐州：中国矿业大学，2019.

［250］张克一，唐小飞，苏浩玄，等．创新战略：品牌关系驱动与服务创新驱动的影响力比较研究［J］．预测，2018，37(4):39-45.

［251］张丽．AR-VR 融合技术在博物馆陈列展览中的应用探析［J］．文物鉴定与鉴赏，2020(4):138-139.

［252］张璐璐．商业模式创新影响因素研究［D］．合肥：安徽大学，2014.

［253］张涛，王宗水，董海丽，等．基于结构方程模型的新疆农产品交易会参展商满意度影响因素研究［J］．新疆财经大学学报，2018(1):42-50.

［254］张亚峰，刘海波，陈光华．专利是一个好的创新测量指标吗？［J］．外国经济与管理，2018，472(6):4-17.

［255］张艳，王秦，张苏雁．互联网背景下零售商业模式创新发展路径的实践与经验：基于阿里巴巴的案例分析［J］．当代经济管理，2020，42(12):16-22.

［256］张在一，毛学峰．"互联网+"重塑中国农业：表征、机制与本质［J］．改革，2020(7):134-144.

［257］张子岩．关于在互联网+背景下的会展经济发展［J］．商场现代化，2015(27):243-243.

［258］赵莉晓．基于专利分析的 RFID 技术预测和专利战略研究：从技术生命周期角度［J］．科学学与科学技术管理，2012，33(11):24-30.

［259］赵越．数字媒体技术影响下的展览建筑空间设计研究［J］．传

播力研究，2019，3(36):220.

［260］郑亮. 中国三网融合演进及对策研究［D］. 北京：北京邮电大学，2013.

［261］郑明高. 产业融合发展研究［D］. 北京：北京交通大学，2010.

［262］郑明高. 产业融合趋势下的企业战略［J］. 中国流通经济，2010，24(6):46-49.

［263］郑秋丽. 我国智慧物流发展模式、问题及对策［J］. 商业经济研究，2019(18):108-111.

［264］郑夕玉. 互联网背景下我国消费金融发展研究：基于美国发展模式的启示［J］. 技术经济与管理研究，2020(12):92-96.

［265］周建. 互联网+会展业：O2O2O 服务模式推动产业创新发展［J］. 中关村，2017(6):60-61.

［266］周路. 网上展销会开创农产品产销新局面的对策研究［J］. 商展经济，2021(23):7-9.

［267］周煊，程立茹，王皓. 技术创新水平越高企业财务绩效越好吗?：基于 16 年中国制药上市公司专利申请数据的实证研究［J］. 金融研究，2012(8):166-179.

［268］周振兴. 基于“互联网+”与虚拟技术　构建线上农展会的探索与实践［J］. 农村工作通讯，2022(2):53-55.

［269］朱庆华. 信息分析基础、方法及应用［M］. 北京：科学出版社，2004.

［270］朱晓武. 区块链技术驱动的商业模式创新：DIPNET 案例研究［J］. 管理评论，2019，31(7):65-74.

［271］宗祖盼，王惠冰. 疫情防控常态化背景下会展业的数字化转型研究［J］. 文化软实力研究，2021，6(6):10.

［272］左良军. 基于专利地图理论的专利分析方法与应用探究［J］. 中国发明与专利，2017，14(4):29-33.